Das große bunte
Spielebuch
für Kinder von 2 bis 6 Jahren

Regina Grabbet

Das große bunte

Spielebuch

für Kinder von 2 bis 6 Jahren

Im FALKEN Verlag sind zahlreiche Bücher mit Kinderspielen erschienen.
Fragen Sie Ihren Buchhändler!

Die Deutsche Bibliothek – CIP-Einheitsaufnahme

Grabbet, Regina:
Das grosse bunte Spielebuch für Kleinkinder / Regina Grabbet.
[Fotos: Carla Damler. Zeichn.: Kornelia Riedl ; Ute Hummel]. –
Niedernhausen/Ts. : FALKEN, 1991
    (FALKEN Sachbuch)
    ISBN 3-8068-4543-3

ISBN 3 8068 4543 3

Titelbild und Fotos: Fotodesign Carla Damler, Taunusstein (Styling: Susanne Dallwein)
Zeichnungen: Kornelia Riedl/Ute Hummel, München
Die Ratschläge in diesem Buch sind von der Autorin und vom Verlag sorgfältig erwogen und geprüft, dennoch kann eine Garantie nicht übernommen werden. Eine Haftung der Autorin bzw. des Verlags und seiner Beauftragten für Personen-, Sach- und Vermögensschäden ist ausgeschlossen.
Satz: LibroSatz, Kriftel bei Frankfurt/Main
Druck: Mohndruck Graphische Betriebe GmbH, Gütersloh

817 2635 4453 6271

Bevor es losgeht

Auf den ersten Blick scheinen sich die Bedürfnisse von Kindern völlig von unseren eigenen zu unterscheiden. Auf das Spielen mit ihnen lassen wir uns bisweilen nur deshalb ein, damit sie endlich Ruhe geben und uns nicht mehr auf die Nerven fallen. Wenn wir ehrlich wären, würden wir manchmal lieber Zeitung lesen oder uns ähnlichen geistigen Beschäftigungen zuwenden, statt mit den lieben Kleinen zu malen, zu matschen, zu singen oder zu toben.

Andererseits haben wir aber auch schon die Erfahrung gemacht, daß die Beschäftigung mit Kindern sehr lustvoll sein kann. Wir müssen uns nur einen Ruck geben und uns darauf einlassen.

Dann dürfen wir für eine Weile selbst wieder Kind sein und können ohne Scheu Blödsinn machen, mit Ton, Rasierschaum oder Knetmasse so richtig schön herummatschen oder auf Kochtöpfen den Rhythmus zu albernen Liedern schlagen. Beim ›Clownspiel‹ lachen wir über die Farb-

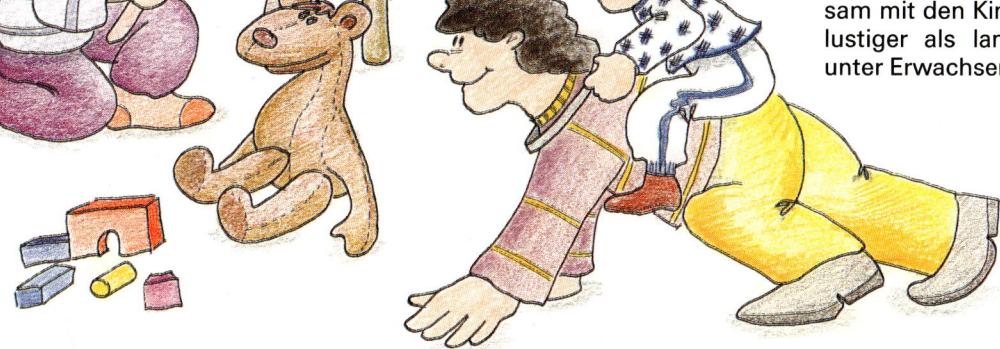

tupfer in unserem Gesicht, und beim ›Elektrikerspiel‹ haben wir Herzklopfen, wenn wir draußen vor der Tür stehen und nicht wissen, was gleich geschehen wird. Eines Tages entdecken wir womöglich sogar noch, daß wir für das Erfinden völlig unsinniger Geschichten hochbegabt sind.

Und das erstaunliche und für uns sehr praktische ist: Wenn die Kinder das Spiel erst einmal verstanden und mit uns zusammen eine Weile ihren Spaß gehabt haben, spielen sie auch gern allein weiter. Also: Anregungen geben, mitspielen und sich dann ausklinken.

Aber vielleicht wollen wir dann plötzlich gar nicht mehr Zeitung lesen, sondern lieber als Ede Pinkelfritz vom Kartonboot aus mit dem selbstgebastelten Fernrohr als erster die geheimnisvolle Insel erspähen . . .

Hinweis: Bei einigen Spielen in diesem Buch mag der Eindruck entstehen, daß sie nur mit größeren Kindergruppen durchführbar sind. Das ist jedoch nicht der Fall. Fast alle Spiele können auch in der Familie oder mit wenigen Kindern gespielt werden. Falls nötig, wandelt man ab oder improvisiert. Eine genaue Teilnehmerzahl ist nur dort angegeben, wo sie wirklich wichtig ist.

Vielleicht machen die Spiele noch mehr Spaß, wenn wir Nachbarn, Freunde und Verwandte dazu einladen. Probieren wir es doch mal aus! So ein bunter Nachmittag gemeinsam mit den Kindern wird bestimmt lustiger als langweiliger Smalltalk unter Erwachsenen.

Inhalt

Mit den Sinnen spielen.
Spaß mit den Allerkleinsten 8

Mit den Sinnen spielen. Spaß mit den Allerkleinsten

Die zwei- und dreijährigen Kinder, für die dieses Kapitel gedacht ist, sind noch dabei, neugierig ihre Umwelt zu entdecken und zu erobern. Sie machen in diesem Alter oft die Erfahrung, daß ihnen plötzlich etwas gelingt, was sie lange vergeblich probiert haben. Endlich können sie beispielsweise einen aus kurzer Entfernung geworfenen Ball auffangen. Andere Kinder werden nun bewußter wahrgenommen und zunehmend als Spielkameraden entdeckt.

Zweijährigen fällt es allerdings schwer zu akzeptieren, daß bei den Spielen einer nach dem anderen an die Reihe kommt, es also etwas wohlgeordneter zugehen muß. Die Einsicht in die Notwendigkeit von Spielregeln fehlt noch. Sie wächst aber bereits im Laufe des dritten Lebensjahres.

Auch die sprachlichen Möglichkeiten sind natürlich noch begrenzt. Die kleinen Kinder drücken deshalb ihre Gefühle eher mit Hilfe von Farben und Knetmasse,

über Musik und Bewegung aus als über die Sprache. Sie sammeln Erfahrungen über ihre Handlungen. Sinnliche Erlebnisse, hervorgerufen durch verschiedenste Aktivitäten, stehen im Vordergrund, intellektuelles Verarbeiten ist zunächst noch zweitrangig. Das Bedürfnis, neue Eindrücke zu gewinnen, ist groß. Die Freude an sinnlichen Wahrnehmungen wird leider von den vernunftbetonten Erwachsenen oft genug nicht geteilt. Dabei ist es auch für sie eine sehr lustvolle Erfahrung, die Begeisterung der Kleinen für Schmusespiele, Farben, Musik, Fingerspiele, Wasser, Matschen und Knetmasse mitzuerleben und zu teilen. Probieren wir es also einfach aus. Das folgende Kapitel will uns ins Land der Sinneserfahrungen einladen und gibt uns jede Menge Anregungen für eine sinnvolle Beschäftigung mit dem kleinen Kind. Aber ganz ohne Frage werden auch viele ältere Spaß an den Spielen haben.

Schmusespiele

Schmusespiele sind Spiele, bei denen man sich anfassen kann, Spiele mit dem Körper. Besonders gemütlich wird es unter der Decke, im Bett, auf dem Sofa, auf Matratzen oder einem weichen Teppichboden.

Der Elefant auf Papas Rücken

❀ Decke
❀ Würfel

Alle Kinder, die Lust haben, bei diesem Spiel mitzumachen, liegen unter einer Decke, und zwar zunächst mit geschlossenen Augen auf dem Bauch. Ein Erwachsener zeichnet mit einem oder mehreren Fingern Umrisse von Gegenständen auf die Rücken. Wer erraten hat, was es sein könnte, kommt als nächster an die Reihe. Vielleicht ist das für Zweijährige manchmal zu schwierig. Bei ihnen kann man statt dessen ›Tiere über den Rücken laufen lassen‹. Eine Katze, eine Ameise, ein Elefant: die meisten Tiere haben eine unterschiedliche Gangart, und die machen wir jeweils mit unseren Händen nach. Vielleicht möchte einer der Spielteilnehmer sich auch einige ›Schmuseminuten‹ wünschen. Dann wird gewürfelt. Wer eine Sechs erzielt, kann wählen zwischen gestreichelt werden (wie viele Minuten, legt ein zweiter Wurf fest), umarmt werden oder massiert werden. Einen Nasenkuß gibt's extra! Natürlich darf man selbst bestimmen, wer einen verwöhnen soll. Kinder mögen Zärtlichkeit, Nähe und Wärme sehr. Und das läßt sich mit den herrlichsten Spielen verbinden.

Mumienstreicheln

❀ ein oder mehrere Bettlaken

Ein Kind wird vor die Tür geschickt. Alle anderen Spieler verstecken sich unter den Laken. Sie müssen ganz leise sein, wenn das Kind wieder hereingerufen wird. Es streichelt und knuddelt nun nacheinander die ›Mumien‹. Die Spielteilnehmer unter den Laken dürfen sich nicht durch Kichern, glucksendes Lachen oder andere Laute verraten. Hat das Kind herausbekommen, wen es gerade geknuddelt hat, darf der nächste nach draußen gehen. Das könnte der Teilnehmer sein, der zuletzt oder gar nicht erraten wurde.

Verrückte Schmusemaschine

Ein Kind stellt sich hinter ein anderes und krault ihm den Rücken. Ein drittes Kind (oder sogar ein Erwachsener) hat vielleicht auch Lust mitzumachen und stellt oder setzt sich zu dem zweiten, streichelt dessen Bein, massiert ihm die Füße oder tut ihm irgend etwas anderes Gutes. So geht es weiter, bis alle durch Streicheln, Knuddeln, Kraulen oder Massieren miteinander verbunden sind. Dabei können sich auch alle bewegen und mit Worten und Lauten wie *Ah!, Oh!, Hmm., Schön!* ihr Wohlbefinden ausdrücken. Wichtig ist nur, daß wir liebevoll und vorsichtig miteinander umgehen.

Tip: Die Schmusemaschine kann auch morgens im Bett der Eltern mit der ganzen Familie in Gang gesetzt werden.

Hier läuft die ›Schmusemaschine‹ schon auf Hochtouren

Kuschelkette

Wir sitzen in einer Reihe hintereinander, der Spielleiter als letzter. Er flüstert dem vor ihm sitzenden Kind die erste Anweisung ins Ohr, zum Beispiel *Kopf streicheln*. Das Kind gehorcht natürlich. Sein Vordermann reagiert entsprechend und beginnt das nächste Kind zu streicheln. Auf diese Weise setzt sich die Bewegung als Kettenreaktion bis ganz nach vorne hin fort. Eine neue Anweisung erfolgt erst dann, wenn alle intensiv mit Streicheln beschäftigt sind.

Kuschelpreis

Wir sitzen gemütlich zusammen und spielen mit zwei Mannschaften ›Dalli-Dalli‹. Ein Teilnehmer aus der ersten Gruppe fragt zum Beispiel *Was gibt es denn für Kuscheltiere?* Die Spieler der zweiten Gruppe haben nun eine Minute Zeit, alle Tiere aufzuzählen, die ihnen einfallen: *Teddy, Hase* ... Für jede Antwort gibt es einen ›Kuschelpunkt‹. Dann kommt die zweite Mannschaft an die Reihe und denkt sich eine neue Frage aus, zum Beispiel *Mit wem kuschelt ihr gerne?* Die Kinder aus der ersten Mannschaft zählen nun alle Personen auf, die ihnen einfallen, von Oma bis Onkel Otto. Vielleicht ist das schon etwas schwieriger, denn schließlich mag man ja nicht mit jedem kuscheln. Wieder gibt es Punkte. Wenn uns keine Fragen mehr einfallen, zählen wir die ›Kuschelpunkte‹ zusammen. Die Gruppe, die die meisten erzielt hat, kann sich nun von der anderen so richtig nach Herzenslust verwöhnen lassen. Dabei dürfen natürlich Wünsche geäußert werden, wie Rücken kraulen, Füße massieren und so weiter.

Ob Svenja wohl herausbekommt, um welche Kuscheltiere es sich handelt?

Fest der Kuscheltiere

❀ Decke
❀ Kuscheltiere
❀ Puppengeschirr
❀ Saft
  und Kekse

Wir sammeln alle Kuscheltiere ein und feiern gemeinsam mit ihnen ein fröhliches Fest mit Puppengeschirr, Saft und Keksen. Jedes Tier wird mit Namen vorgestellt. Den merken wir uns und spielen nun eine Weile Kaffeeklatsch. Dann legen wir alle Tiere unter eine Decke. Ein Kind kriecht gleichfalls darunter und bemüht sich, so viele Kuscheltiere wie möglich zu ertasten und beim Namen zu nennen. Ist die Decke groß genug, können wir auch alle darunterkrabbeln, zunächst miteinander schmusen und dann versuchen, unser eigenes Kuscheltier zu finden und die der anderen zu erfühlen. Oder wir verstecken ein Kuscheltier irgendwo im Zimmer und begeben uns – vielleicht mit verbundenen Augen – auf die Suche danach.

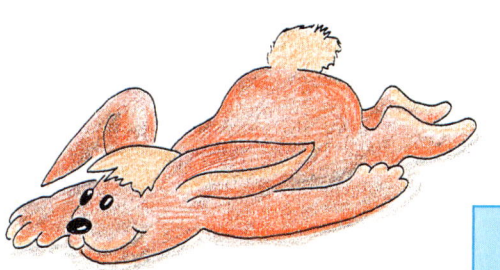

Hatschi-Song

Jeweils zwei Kinder stehen sich gegenüber und kitzeln einander an der Nase. Dazu singen wir nach der Melodie von ›Auf de Schwäb'sche Eisebahne‹:

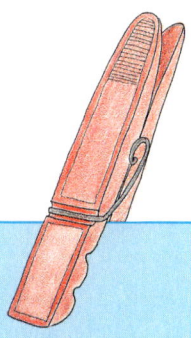

*Kommt aus Hamburg meine Base,
kitzelt sie mich an der Nase,
kitzelt, bis ich niesen muß,
klappt es, krieg ich einen Kuß.*

*Einmal gekitzelt, geht's schon »Ha . . .«,
zweimal gekitzelt, gleich ist's da,
dreimal gekitzelt, jetzt oder nie:
alle zusammen laut »Hatschi!«*

Tips für Eltern
Kinder brauchen Zärtlichkeit und Körperkontakt. Durch kleine, spielerische Aktivitäten können Kinder und Erwachsene gemeinsam positive Erfahrugnen mit liebevoller Körpernähe machen!

Kuschelmuschel im Versteck

❀ eine oder mehrere Decken
❀ Kuscheltiere

Wir kuscheln gemütlich unter einer Decke und wählen dann ein Kuschel-tier aus, das versteckt werden soll. Stellen gibt es viele: vielleicht unterm Pullover, im Hosenbein oder unterm Po. Auf ein Zeichen hin beginnt dann die Suchaktion unter der Decke. Damit es nicht allzu wild wird, sollte zunächst nur einer zu suchen begin-nen. Falls die anderen Kinder deshalb enttäuscht sind, verstecken wir eben noch weitere Tiere.

Fingerspiele

Einmal steckten wir mitten im dicksten Winter auf der Autobahn im Stau. Und es dauerte und dauerte. Hinten im Auto saßen Annika und Ole, zwei und drei Jahre alt. Sie brüllten, weil sie keine Geduld mehr hatten. Ihre Spielsachen lagen natürlich zu Hause. Der Vater am Steuer wurde durch das Kindergeschrei immer nervöser und brüllte die beiden an. Da kam mir die rettende Idee: Ich kündigte ein großes Kasperletheater an. Alle staunten, denn woher wollte ich die Darsteller nehmen? So erfand ich eines der schönsten Fingerspiele, das ich kenne. Die Kinder hörten auf zu schreien und schauten fasziniert zu. Fingerspiele – das ist Theater mit Darstellern, die wir immer bei uns haben. Und ein Stift, um lustige Gesichter auf die Fingerkuppen zu malen und ihnen dadurch mehr Ausdruck zu verleihen, ist sicher leicht zu finden. Wir kennen alle solche Situationen, in denen wir uns spontan etwas einfallen lassen müssen, um Kinder abzulenken, Wartezeiten zu überbrücken oder Geschrei zu stoppen. Wie toll, wenn wir dann wissen, welches Theaterstück wir mit unseren Fingern aufführen können.

Den Text und die Bewegungen der Finger sollten wir dann allerdings sicher beherrschen. Aber das ist nicht weiter schwierig. Wenn wir beides genauso ernsthaft üben, wie die

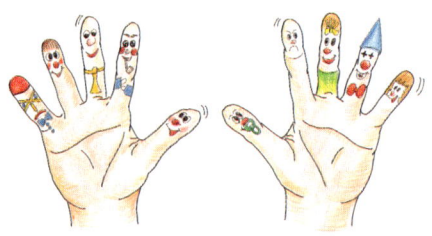

Einfach die Fingerkuppen bemalen und kleine Hütchen draufsetzen – schon geht's los mit den lustigen Fingerspielen!

berühmten Schauspieler ihre Rolle lernen, dann können wir uns bei nächster Gelegenheit über die Wirkung, die wir mit unserem Fingertheater erzielen, sicher noch mehr freuen als die Schauspieler über ihren Applaus. Bei den Fingerspielen ist es von großer Bedeutung, daß sowohl der Klang unserer Stimme und ihre Lautstärke beim Sprechen des Textes (Flüstern oder aufgeregtes lauteres Sprechen beispielsweise) als auch die Bewegungen der einzelnen Finger sowie die der ganzen Hand dem jeweiligen Reim Ausdruck verleihen. Die auf die Finger(-kuppen) gemal-

ten Gesichter sollten möglichst unterschiedlich sein. Bunter und lustiger wird es natürlich, wenn wir Filzstifte in verschiedenen Farben zur Hand haben. Aber auch ein Kugelschreiber reicht schon aus. Kleine Fingerhüte aus Papier oder Stoff steigern die Ausdruckskraft. Oder wir fertigen mit Nähzeug, Klebstoff und Nagelschere kleine Fingerpuppen aus verschiedenfarbigem Papier, Stoff oder Filz an.

Solche Fingerpuppen sind ein tolles Geschenk zum Kindergeburtstag, eignen sich aber ebensogut für den

Adventskalender. Vielleicht überraschen wir das Kind auch beim Kinderarzt damit, wenn die Wartezeit lang wird.

Wenn jedes Kind seine eigene Fingerpuppe hat, macht das gemeinsame Spiel in der Gruppe Spaß. Bewahren wir die kleinen Darsteller in einer bunt bemalten oder beklebten Schachtel auf, dann haben wir sie immer griffbereit beisammen, und die Kinder können damit auch einmal allein spielen und sich dazu selbst Geschichten ausdenken.

Hier nun einige der Fingerspiele, die kleinen Kindern im ›Theater des Alltags‹ besonders viel Spaß machen. Die Texte werden gesprochen oder gesungen und von den Bewegungen unserer Hände oder Finger begleitet.

Tips für Eltern
Mit Fingerspielen aktivieren wir die sinnliche Erlebniswelt des Kindes und schaffen zugleich eine vertraute Nähe zwischen ihm und uns.

Kindern fällt das Basteln von Fingerpuppen schwer. Ihre feinmotorischen Fähigkeiten sind noch nicht so gut ausgebildet, daß sie mit der Nagelschere die winzigen Augen und Schnäbel sowie andere Details ausschneiden können. Also müssen die Erwachsenen dies übernehmen.

Fingerwetter

Wann sprechen meine Finger netter
von diesem schlechten Winterwetter?
Piefke Löwenzahn (= kleiner Finger)
schimpft:
Wenn's regnet,
niemand mir begegnet.
Kalle Blaufuß (= Zeigefinger) haucht:
Wenn's draußen schneit,
ist's aus mit meiner Fröhlichkeit.
Stoppelfiete (= Mittelfinger)
brummt:
Wenn's hagelt,
bin ich wie vernagelt.
Ringede (= Ringfinger) kreischt:
Wenn die Sonne streikt,
mein Ring dann keinen Glanz mehr
zeigt.
Pummeljan (= Daumen) ruft:
Wenn's friert und kracht,
wart' ich, bis die Sonne lacht,
schlüpf' in meinen Anorak,
saus' den Berg mit'm Schlitten hinab.

Schiefes Häuschen

Mein Häuschen ist nicht gerade,
das find' ich gar nicht schade.
Mein schiefes Häuschen ist doch
schön!
(das ›Haus‹ anerkennend anschauen)
Du mußt es nur genau besehn.
(das ›Haus‹ vor das Kind halten)
Hui, bläst da der Sturm hinein –
(kräftig in das ›Haus‹ blasen)
bautz, schon kracht mein Häuschen
ein.
(Hände übereinanderlegen)
Jetzt kann der Sturm noch lange
wehn –
(wieder blasen, leicht mit den Händen wackeln)
mein schiefes Haus kann trotzdem
stehn.

Fingerratespiel

Wir stellen mit Händen und Fingern etwas dar, was die anderen erraten sollen, wie ein Krokodil oder eine Schere. Wer's erraten hat, darf als nächster ein Rätsel aufgeben.

Gemeinsam stark

Das ist der Daumen, ziemlich krank,
(Daumen zeigen)
der nächste hier (= Zeigefinger) *sitzt*
oft auf der Bank,
der Lange da (= Mittelfinger) *treibt*
gerne Sport,
ein Ring steckt oft an diesem dort (=
Ringfinger)
der Kleine (= kleiner Finger) *sieht den*
anderen zu.
Schließt euch zu einer Faust im Nu –
wir fünfe sind gemeinsam stark.
Dazu mehr Spaß, das ist doch was.

Zehn kleine Finger

Zehn kleine Finger, die gingen in die Scheun',
der eine ist auf dem Stroh eingeschlafen, da
waren es nur noch neun.

Neun kleine Finger, die hatten Angst vor der
Nacht,
der eine ist vorher weggelaufen, da waren es
nur noch acht.

Acht kleine Finger, die wollten sich alle lieben,
der achte hielt das nicht mehr aus, da waren es
nur noch sieben.

Sieben kleine Finger, die sangen unterwegs,
der eine blieb im Gasthaus sitzen, da waren es
nur noch sechs.

Sechs kleine Finger, die machten sich auf die
Strümpf',
der eine kriegte Löcher, da waren es nur noch
fünf.

Fünf kleine Finger, die tranken gerne Bier,
der eine trank zuviel davon, da waren es nur
noch vier.

Vier kleine Finger, die aßen einen Brei,
der eine hat zuviel gegessen, da waren es nur
noch drei.

Drei kleine Finger, die machten ein Geschrei,
die Polizei nahm einen fest, das waren es nur
noch zwei.

Zwei kleine Finger, die zottelten allein,
sie gaben sich schnell einen Kuß – und damit
ist jetzt Schluß.

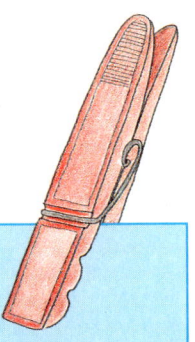

Die kleinen Fingerpuppen aus Filz, Stoff und Pappe sind schnell gebastelt

Tips für Eltern
Bei dieser Art Fingerspiele sind
Satzmelodie und -rhythmus beim
Vortragen des Textes weit wichtiger
als die Aktion der Finger.

Kasperletheater

* Filz, Stoff oder Papier in verschiedenen Farben
* Nähzeug
* Schere
* Klebstoff
* grüner Strumpf
* schwarzer Knopf

Für unser Kasperletheater basteln wir zunächst die Fingerpuppen Kasper, Seppl, Hexe und Krokodil:

1. Für die ersten drei Figuren je zwei gleiche Teile aus Stoff oder Filz zuschneiden. Die Größe richtet sich nach dem Umfang der Finger. Naht-zugabe nicht vergessen! Die beiden Teile rechts auf rechts zusammennä-hen und umstülpen.

2. Gesicht (falls es sich farblich vom Rest unterscheiden soll), Augen, Nase, Ohren und Mund aus Papier, Filz oder Stoff ausschneiden und auf-kleben. Notfalls kann man das Gesicht auch mit dicken Stoffmalstif-ten aufmalen.

3. Zum Schluß einen Kreis mit etwa 10 cm Durchmesser aus Filz oder Stoff ausschneiden und in vier glei-che Teile schneiden. Daraus näht man die kleinen Kopftücher oder Müt-zen und befestigt sie mit einer Naht oder Klebstoff.

4. Das Krokodil wird mit der ganzen Hand dargestellt. Dazu am besten einen grünen Strumpf überziehen und einen Knopf als Auge aufnähen.

Ich bin der Kasper!
(Kasper = Zeigefinger)
Hallo, meine Damen und Herren,
(Wackeln)
habt ihr alle den Kasper gern?
(Auf eine Antwort von den Kindern warten)
Da hol' ich mir den Seppl gleich,
(Seppl = Mittelfinger)
wir machen oft manch lust'gen Streich.
(Beide wackeln.)
*Wir schlagen uns, vertragen uns.
Da kommt die Hexe Huckebein,*
(Hexe Huckebein = kleiner Finger)
sagt: Jetzt sollst du verzaubert sein!
(Hexe droht, Kasper droht zurück:)
*Nein, Hexe, nein, da wird nichts draus,
schnell ab mit dir ins Hexenhaus!*
(Kasper stößt die Hexe)
*Da kommt ein großes Krokodil
mit einem Maul, das frißt ganz viel.*
(Krokodil = aufgeklappte linke Hand)
Das hat sich leis ins Gras geduckt –
(Flüstern, Hand still)
*und hat den Kasper halb verschluckt!
Der ruckt und zuckt, und, ei der Daus,*
(Schütteln)
er zappelt wirklich wieder raus!
(Kasper kommt frei)
Jetzt geht es schlecht dem Krokodil,
(Kasper haut das Krokodil)
es rennt, so schnell es kann, zum Nil.
(Krokodil ab)
*Erleichtert bleibt der Kasper stehn,
um dann zur Gretel heimzugehn.*
(Kasper läuft)
*Kommt alle mit zur Gretel heim,
laßt uns gemeinsam lustig sein!
Tri tra trullala ...*
(Tanzen)

Verschwundene Hände

Die Kinder singen zu einer Phantasie-melodie:

Meine Hände sind verschwunden,
(Hände hinter dem Rücken)
ich habe keine Hände mehr –
seht, da kommen meine Hände
wieder her –
(Hände vorzeigen)
Tra la la la la la la – la la la!

Das Lied können wir etwas abwan-deln, indem wir andere Körperteile einsetzen, zum Beispiel Augen, Oh-ren, Nase und so weiter. Die Kinder bedecken dann jeweils den gesam-ten Körperteil mit ihren Händen, um ihn dann vor dem *Tralala* wieder zu zeigen.

Gewitter

Es tröpfelt,
(Mit zwei Fingern jeder Hand auf den Tisch klopfen)
es regnet,
(Mit vier Fingern . . .)
es gießt,
(Lauter . . .)
es hagelt,
(Mit den Knöcheln der Finger das Klopfen steigern)
es blitzt,
(Zischgeräusch; Blitz mit den Hän-den in die Luft malen)
es donnert.
(Mit den Fäusten trommeln oder in die Hände klatschen)
Alle laufen schnell nach Hause,
(Hände auf den Rücken)
und morgen scheint die warme Sonne wieder!
(Mit beiden Händen einen großen Kreis beschreiben)

Patsch- und Pfote-Lied

Wir klatschen in die Hände und sin-gen dabei zur Melodie von *Ein Vogel wollte Hochzeit machen;* Patsch = linke Hand, Pfote = rechte Hand.

Seht, Patsch und Pfote habn Geschick,
seht her, jetzt machen sie Musik.
Fiderallala, fiderallala, fiderallalalala.
(Beide Hände klatschen . . .)

Die Pfoten und die Patschen,
die können im Rhythmus klatschen . . .
Fiderallala . . .

Was machen Patsch und Pfote nu?
Sie halten mir die Nase zu.
Fiderallala . . .

Die Pfote und auch unser Patsch,
die machen mit den Lippen Quatsch.
Fiderallala . . .

Jetzt fällt mir was Besondres auf,
gleich zeigen Patsch und Pfote drauf.
Fiderallala . . .

Die Pfote sieht man traumverlorn
manchmal in ihrer Nase bohrn . . .
Fiderallala . . .

Und kommt mein Onkel Ernst dazu,
dann sagt er immer »Oh – oh – oh«.
Fiderallala . . .

Und gibt mein Onkel Ernst nicht Ruh,
dann halt' ich mir die Ohren zu.
Fiderallala . . .

Ja, Patsch und Pfote sind zwar lieb,
doch manchmal zeigen sie dir 'nen Piep –
Fiderallala . . .

und Ohren wie ein Hase,
und eine lange Nase.
Fiderallala . . .

Doch Patsch und Pfote, fällt mir ein,
die können auch ganz zärtlich sein.
Fiderallala...

Nun müssen Patsch und Pfote gehn,
sie sagen euch »Auf Wiedersehn«.
Fiderallala...

Ruhe und Lärm

Mit Fingern, mit Fingern,
(Zeigefinger auf den Tisch tippen
usw.)
mit flacher, flacher Hand,
mit Fäusten, mit Fäusten,
mit Ellenbogen, klatsch, klatsch, klatsch,
leg die Hände auf den Kopf,
mache einen Blumentopf,
leg die Finger zu einer Brille,
seid mal alle einen Augenblick stille.
(Finger auf den Mund legen, dann die
Hände nach oben nehmen, auf den
Tisch donnern lassen und dabei laut
schreien)

Mäusefamilie

Das ist Vater Maus.
(Daumen zeigen)
Sieht wie alle Mäuse aus:
(Handfläche nach oben zeigen)
weiches Fell –
(Handrücken streicheln)
große Ohren –
(mit den Fingern ›malen‹)
spitze Nase –
(Fingerspitzen aneinander und an die
Nase legen)
und der Schwanz sooo lang!
(Hände zeigen einen Abstand von
etwa 30 cm)

(Alles wiederholen für Mutter Maus =
Zeigefinger, Bruder Maus = Mittelfinger und Schwester Maus = Ringfinger)
Das ist Baby Maus.
(Kleinen Finger zeigen)
Sieht gar nicht wie alle Mäuse aus:
(Kopf schütteln)
glattes Fell –
kleine Ohren –
kleine Nase –
(Wie oben, aber entsprechend abge-
wandelt)
und der Schwanz sooo kurz!
(Hände zeigen einen Abstand von
etwa 7 cm an)

Ding, dong, dell

Ding, dong, dell,
(Handfläche, -rücken, -fläche zeigen)
die Katz hat eine Schell'
(Handfläche, -rücken, -fläche zeigen)
Alle Mäuschen laufen schnell,
(Fingerspitzen laufen über den Tisch)
laufen alle, groß und klein,
(Fingerspitzen laufen schneller über den Tisch . . .)
in ihr Mauseloch hinein.
(. . . und verschwinden unter dem Tisch)
Ding, dong, dang,
(Faust, Handfläche, Faust zeigen)
das weiß die Katz schon lang!
(Faust, Handfläche, Faust zeigen)

Kuba, kuba

Zeigt eure Finger, kuba, kuba,
mit dem Daumen, tipp, tipp, tipp.
(entsprechend Zeigefinger, Mittelfinger usw. zeigen)

Zeigt eure Hände, kuba, kuba,
mit der ganzen Hand, klatsch, klatsch, klatsch.

Zeigt eure Füße, kuba, kuba,
mit den Füßen, trapp, trapp, trapp.

Kleiner Zwerg

Es war einmal ein kleiner Zwerg –
(Hände als ›Mütze‹ auf den Kopf)
– mit riesengroßen Ohren.
(Hände beschreiben einen großen Kreis an den Ohren.)
Er wohnt' in einem Zuckerberg
(Ellenbogen auf den Tisch, Unterarme senkrecht, Hände zusammen und so ein Dreieck bilden)
– mit kleinen goldnen Toren.
(Finger stellen Tore dar)
Da kam der Riese Nimmersatt –
(Hände hoch über den Kopf)
und wollt' den Berg probieren.
(Hand zum Mund führen)
Der Zwerg haut' ihm die Schnute platt,
(Hand auf den Mund schlagen)
nun kann nichts mehr passieren.
(Kopf schütteln, Handfläche nach oben)

Katze und Milchtopf

In der Küche auf dem Tisch
steht ein Topf mit Milch, ganz frisch.
(Daumen und Finger einer Hand zu einem Kreis)
Kätzchen möcht' sich dran erlaben,
(Zeigefinger und Ringfinger = Füße)
von der frischen Milch was haben.
Steckt das Köpfchen in das Töpfchen
(Mittelfinger = Kopf, in den Kreis stecken)
und trinkt – und trinkt.
(schlürfen)
Doch, o weh, o weh,
das Köpfchen geht nicht in die Höh'.
(Versuchen, den Mittelfinger herauszuziehen)
Mit dem Töpfchen auf dem Köpfchen
läuft das Kätzchen in den Schnee
(Klee).
(Beides zusammen über den Tisch laufen lassen)

Hase und Kohlkopf

Aus dem Walde kommt ein Hase,
(Bei einer Hand die Fingerkuppen von Daumen und Ringfinger zu einem ›Kopf‹ aufeinanderlegen, Zeige- und Mittelfinger zu ›Ohren‹ aufrichten. Dies ist der Hase.
schnuppert mit der kleinen Nase.
Plötzlich hat er was entdeckt:
einen Kohlkopf, der ihm schmeckt.
(mit der anderen Hand eine Faust bilden = Kohlkopf)
Fröhlich knabbert er und frißt,
(›Hase‹ knabbert an der Faust)
bis der Kohlkopf alle ist.
(Faust verschwindet hinter dem Rükken)
Langsam hoppelt er nach Haus –
(›Hase‹ bewegt sich über den Tisch)
nach dem guten Kohlkopfschmaus.

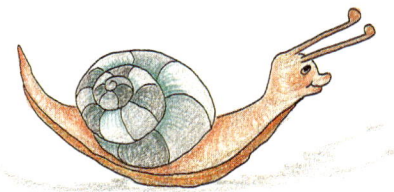

Schnecke

Die rechte Hand macht nun eine Schnecke nach: Zeige- und Mittelfinger bilden die zunächst ausgestreckten Fühler. Die zur Faust geschlossene linke Hand stellt das Schneckenhaus dar.

In unserem Garten kriecht 'ne Schnecke,
die kommt ganz langsam nur vom Flecke,
Sie hat die Fühler ausgestreckt,
o weh, jetzt hat sie mich entdeckt!
Da zieht sie ihre Fühler ein
und kriecht ins Schneckenhaus hinein.

Flugzeug

Die rechte Hand stellt das Flugzeug dar, Daumen und kleiner Finger sind abgespreizt und bilden die Flügel.

Kommt ein Flugzeug angeflogen,
hoch, ganz hoch, in weitem Bogen,
senkt sich auf die Erde nieder,
kreist noch einmal hin und wieder,
rollt dann auf der Rollbahn aus.
Kommt, Ihr Leute, steigt jetzt aus!

So, nun ist die ›feine Dame‹ fertig und kann in unserem Theaterstück eine der Rollen übernehmen

Theater mit bemalten Händen

❀ abwaschbare Wasserfarben
❀ Tischtennisbälle und Murmeln
❀ Haarschleifen
❀ Bänder jeder Art
❀ Sicherheitsnadeln
❀ Rasierpinsel
❀ Reste von Papier, Pappe, Stoff, Tüll, Seide
❀ Servietten
❀ Tesafilm
❀ Seife und altes Handtuch

Wir überlegen uns, welche Tiere oder Figuren in unserer Geschichte vorkommen sollen. Man muß sie natürlich auf die Hände malen können. Ein Zebra, eine Giraffe oder ein Elefant eignen sich beispielsweise gut dafür. Bei manchen Tieren bezieht man zusätzlich noch einen Teil des Arms mit ein. Ein Auge kann man entweder direkt auf die Hand aufmalen, oder man nimmt dafür einen Tischtennisball oder eine Murmel, die man entsprechend gestaltet und dann während des Spieles festhält. Eine Hand läßt sich schnell in eine feine Dame verwandeln. Soll sie zum Beispiel schwarze Haare haben, so werden alle Finger schwarz bemalt.

Um einen Finger herum knoten wir ein kleines Band aus Tüll oder Seide und machen eine Schleife. Das Gesicht wird direkt auf die Handfläche gemalt. Zum Schluß befestigen wir als Umhang einen Stoffrest am Handgelenk.

Für einen vornehmen Herrn bemalen wir die geballte Faust schwarz und weiß und basteln einen Zylinder aus einem runden und einem rechteckigen Stück schwarzer Pappe. Wenn dann noch eine Fliege auf das Handgelenk aufgemalt wird, paßt er besonders gut zur feinen Dame.

Falls in unserer Geschichte auch noch eine alte Frau mit Kopftuch mitspielen soll, dann knoten wir einfach einen quadratischen, diagonal gefalteten Stoffrest mit etwa 30 cm Seitenlänge um eine zur Faust geballte Hand. Diesmal malen wir ein Gesicht mit Falten auf den Handrücken.

Wenn wir erst einmal etwas Erfahrung in diesem Spiel haben, fallen uns sicher noch mehr Figuren für das Handtheater ein. Die Geschichten ergeben sich beim Spielen oft wie von selbst. Hier aber zunächst ein Beispiel für eine kleine Geschichte. Als Bühne eignet sich etwa ein auf Kante gelegter Tisch, hinter dem man spielt.

Es wirken mit:
❀ Elefant
❀ Giraffe
❀ Zebra
❀ feiner Herr
❀ feine Dame
❀ alte Frau

1. Akt:

Die feine Dame betritt die Bühne. Sie erzählt den Kindern, daß sie gerne mal in den Zoo möchte, den Weg aber nicht kennt. Ein feiner Herr erscheint, den sie danach fragt. Der Herr ist etwas schwerhörig und kann sie deshalb nicht sofort verstehen. Die Dame ruft laut:

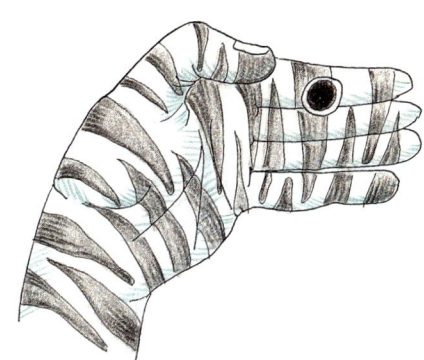

Mein Herr, wo ist der Tierpark?
Der Herr antwortet:
Liebe Frau, beim Kaufmann gibt es Quark.
Die Dame kann sich ihm nach einigen Mißverständnissen doch noch verständlich machen, und sie gehen nun zusammen in den Tierpark.

2. Akt:

Ein Zebra kommt auf die Bühne. Es läuft hin und her. Der Herr und die Dame stehen am Rand der Bühne und betrachten das Tier. Sie überlegen, woher ihnen die Streifen bekannt vorkommen. (Die Kinder werden ihnen nun mit Zurufen sicher etwas auf die Sprünge helfen.) Das Zebra verschwindet. Statt dessen erscheint der Elefant. Erst sehen die beiden ihn gar nicht, denn sie drehen ihm den Rücken zu. Der Elefant stupst die feine Dame mit dem Rüssel an. Sie erschrickt und sucht Schutz beim feinen Herrn. Beide laufen vor dem Elefanten weg.

3. Akt:

Der feine Herr und die feine Dame haben sich im Zoo verlaufen. Sie finden den Ausgang nicht mehr. Da kommen sie an einer alten Frau vorbei, die am Wegrand sitzt. Sie erzählt den beiden, daß sie die Sprache der Tiere versteht. Sie sagt, es sei wohl am sinnvollsten, die Giraffe nach dem Weg zu fragen. Diese hat nämlich weit und breit den längsten Hals und somit einen guten Überblick. Sie werde ihnen den kürzesten Weg am besten beschreiben können. Die drei (und natürlich alle Kinder, die anwesend sind) rufen nach der Giraffe, die dann auch prompt erscheint. Die alte Frau redet mit ihr in einer komischen Sprache, die keiner versteht. Danach übersetzt sie den Dialog. Der Herr und die Dame bedanken sich herzlich und laden die alte Frau zum Schokoladenkuchen ein.

Phantasievolle Mitmachspiele

Spiele von Kindern für Kinder

Aus der langjährigen Praxis mit spielenden Kindern habe ich gelernt, daß die Kleinen vor allem an Spielen Spaß haben, die sie mitgestalten können. Es gibt leider viel zu viele reglementierte Spiele, bei denen den Kindern kaum Freiräume zur phantasievollen Mitgestaltung bleiben. Hinzu kommt noch, daß das Konkurrenzverhalten, das durch die meisten Spiele automatisch aufgebaut wird, ein starres Spielverhalten noch fördert. Denn schließlich möchte dann jeder den anderen übertrumpfen.

Kinder sollten im Spiel aber nicht ständig gemaßregelt und diszipliniert werden, sondern Phantasie und Kreativität entwickeln sowie ihre Wesensart ungezwungen ausleben dürfen. Der Spaß am Spiel sollte im Vordergrund stehen, nicht der Wunsch, besser zu sein als die anderen Kinder.

Erwachsene haben oft Schwierigkeiten, die Phantasiewelt der Kinder nachzuvollziehen, und neigen deshalb manchmal dazu, solch ›unrealistische‹ Spiele als lächerlich abzutun. Wenn wir mit Kindern zusammen sind, sollten wir uns jedoch darum bemühen, Spaß zu finden an einer Mischung aus Realität und phantastischer Dimension. Wir müssen wieder lernen, uns etwas ›einzubilden‹. Denn bevor wir sprechen lernten, haben wir ja auch in Bildern gedacht. Wir fördern unsere Phantasie und Vorstellungskraft, wenn wir bildhaft denken und frei assoziieren. So schaffen wir uns Zugang zu einem Teil von uns, der sonst oft verkümmert bliebe, weil er vom Intellekt überdeckt wird. Wir müssen also die Fähigkeit wiederentdecken, uns mit Hilfe von Bildern etwas vorzustellen. Vielleicht entdecken wir dann auch das Kind in uns wieder.

Bei vielen der folgenden Spiele wird eine spannende oder lustige Geschichte erzählt, die die Kinder mit passenden Bewegungen und Geräuschen sowie mit treffender Mimik und Gestik begleiten oder nachspielen. Der Spielleiter läßt sich Zeit beim Erzählen, macht Pausen, schlägt den Kindern Bewegungsabläufe vor – aber nur, wenn sie selbst keine Ideen mehr haben. Denn die Kleinen müssen immer wieder die Möglichkeit bekommen, selbst die Geschichte mitzugestalten.

Zu Besuch bei den Naschkatzen

* Tafel Schokolade und andere Süßigkeiten
* Zuckerguß

Wir hocken uns im Kreis auf den Boden. Der Spielleiter sitzt in der Mitte und erzählt:

Es ist dunkle Nacht. Wir liegen in unseren Betten und schlafen. Plötzlich hören wir Schritte: Trab – trab – trab …
Wir hören das Miauen von Katzen und verkriechen uns unter unserer Bettdecke. Plötzlich öffnet sich die Schlafzimmertür. Zwei Katzen kommen herein. Sie flüstern uns etwas ins Ohr.

(Dabei flüstert jeder seinem rechten Nachbarn etwas ins Ohr, nämlich:)
Huhu, wir sind Naschkatzen, miau, miau. Kommst du mit in das Land der Naschkatzen?

Wir antworten:
Miau, miau, wir kommen mit.

Und dann folgen wir alle nacheinander dem Spielleiter und krabbeln auf allen vieren durch den Raum. Oh, da kommen wir schon an ein Schild aus Schokolade mit der Aufschrift ›Naschkatzenland‹ (dazu verwenden wir den Zuckerguß). Wir knabbern eine Ecke ab und gehen dann weiter. Nun überlegt sich das Kind, das in der Schlange hinter dem Spielleiter krabbelt, welche süße Überraschung alle als nächstes erleben sollen. (Ein Erwachsener holt die Süßigkeit.) Daraufhin ist der nächste an der Reihe, sich etwas einfallen zu lassen, und so weiter. Gelingt das einmal nicht, so helfen ihm die anderen.

Der Spielleiter kann die Geschichte zu einem geeigneten Zeitpunkt zu Ende bringen mit den Worten:
Nachdem die Katzen so viel genascht hatten, bekamen sie Bauchweh, wurden müde und schliefen ein.

Spaziergang durchs Schlaraffenland

❀ Lutscher
❀ Salzstangen
❀ Gläser mit Apfelsaft
❀ Smarties und Negerküsse
❀ Marzipan
❀ Schale mit Pudding
❀ Löffel
❀ Kekse
❀ Tafel Schokolade

Die Kinder sitzen im Kreis und hören eine Geschichte:
Gestern nacht hatte ich einen schönen Traum. Wir alle gehen durchs Schlaraffenland.
(Die Kinder klopfen mit den Händen auf die Oberschenkel)
Erst kommen wir an einem Baum vorbei, der voller bunter Lutscher hängt. Jeder pflückt sich einen.
(Alle stehen auf und strecken sich nach einem Lutscher)
Schmatzend gehen wir weiter. Da stehen wir plötzlich vor einer Brücke aus Salzstangen.
(Jedes Kind darf sich vorsichtig eine Salzstange nehmen, aber wir müssen aufpassen, daß dabei die Brücke nicht zusammenbricht)

Behutsam gehen wir über die Brücke. Doch plötzlich bricht sie zusammen, und wir stürzen alle in einen Fluß. Das Wasser in dem Fluß ist Apfelsaft.

(Alle Aktivitäten nachahmen, Schwimmbewegungen machen und dabei Apfelsaft schlürfen)
Wir haben uns gerade ans Ufer gerettet, da beginnt es zu regnen – Smarties zu regnen. Wir sammeln die Smarties eifrig auf und vergraben sie unter einem Negerkußbusch. Einige von uns bekommen schon Bauchweh und legen sich zur Erholung auf die Marzipanwiese.
Nach der Pause führt uns der Weg zum Puddingberg, durch den wir uns durchfuttern müssen. Puh! Auf der anderen Seite des Berges entdecken wir eine Kekshöhle. Nachdem wir deren Schokoladentür aufgegessen haben, krabbeln wir in die Höhle hinein und tasten uns im Dunkeln ängstlich vorwärts. Plötzlich zucken wir zusammen: Vor uns sitzt das Krümelmonster, das die Höhle bewacht. Hals über Kopf laufen wir denselben Weg zurück.
(Nun wird alles umgekehrt gespielt, aber viel, viel schneller)

Tips für Eltern
Das Spiel ist auch sehr gut spielbar, wenn sich die Kinder die Süßigkeiten lediglich in ihrer Phantasie ausmalen. Wir sollten die »Gier nach Süßem« nicht noch zusätzlich fördern, indem wir allzuoft Süßigkeiten ins Spielgeschehen miteinbeziehen (auch nicht als Siegesprämie!). Auch die Zähne der Kinder werden es uns danken ...

Farbreaktionsspiel oder Die Geschichte vom Mann im blauen Schlafanzug, der in die grüne Straßenbahn stieg

❀ Murmeln oder Bausteine in verschiedenen Farben
❀ leere Joghurtbecher

Die Kinder sitzen im Kreis, in der Mitte liegt ein Haufen Murmeln oder Bausteine. Der Spielleiter erzählt nun eine Geschichte, in der verschiedene Farben vorkommen. Ist zum Beispiel die Rede vom ›roten Kopf‹, den der Mann im Schlafanzug bekommt, weil er sich im Bus vor den anderen Leuten schämt, so heben alle Kinder einen Stein in dieser Farbe hoch. Beim Suchen der Steine helfen sich die Kinder gegenseitig. Der Spielleiter sollte versuchen, die unterschiedlichen Farben in möglichst schneller Aufeinanderfolge in die Geschichte einzubauen. Und er muß seine Erzählung spannend gestalten, damit die Kinder von den Farben abgelenkt werden. Das erhöht den Schwierigkeitsgrad.

Variation: Jedes Kind hat ein leeres Gefäß neben sich stehen. Wird eine Farbe genannt, legen die Kinder den herausgesuchten Stein hinein. Zum Schluß vergleichen sie die Ergebnisse.

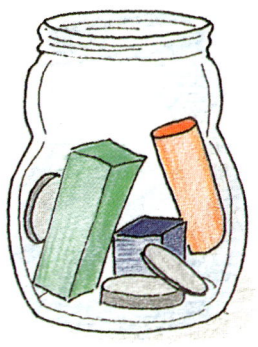

Wo ist denn bloß die Leberwurst?

Die Kinder sitzen im Kreis auf Stühlen. Wir erzählen eine lustige oder spannende Geschichte, in der möglichst viele Dinge vorkommen, die man essen kann. Wird nun etwas Eßbares genannt, rufen alle Kinder *Guten Appetit!,* stehen vom Stuhl auf, drehen sich einmal herum und setzen sich dann wieder, um die Geschichte weiter anzuhören. Folgen die Begriffe fast unmittelbar aufeinander, kann es bei diesem Spiel also recht lebhaft zugehen. Es läßt sich auch abwandeln, indem sich die Kinder nach dem Aufstehen beispielsweise einen Platz weiter nach rechts setzen. Die Geschichte könnte lauten:

Oh, was knurrt mir der Magen! Ich habe einen fürchterlichen Hunger. Wo finde ich bloß das Brot? Da muß ich doch gleich einmal im Badezimmer nachschauen. Na sowas, es liegt in der Waschmaschine, neben den Kartoffeln. Ich habe aber keine Lust auf Kartoffeln. Dann schon eher auf Kuchen; aber wo könnte der denn bloß sein? Siehste, wußt' ich's doch, im Staubsauger, zerbröselt zu Krümeln. Na gut, dann eß ich eben doch das Brot. So, erst einmal die Butter suchen – am besten im Schuhputzkasten. Aber da ist sie nicht. Vielleicht im Besenschrank, wo sie hingehört? Natürlich! Und die Marmelade – wo ist die? Hier, unter der Nähmaschine. Ach ja, und oben an der Lampe, da baumelt die Leberwurst. Ich steige auf einen Stuhl, um sie herunterzuholen. Mit einem lauten »Krrx« bricht ein Bein ab – und ich liege in der Puddingschüssel. Jetzt ist mir aber der Appetit gründlich vergangen.

Genauso schöne Geschichten lassen sich mit Getränken erzählen (die Kinder schreien *Prost!*), ebenso mit Süßigkeiten (*Lecker!*), mit sauren und bitteren Sachen (*Brrrrrrrr!*), mit . . .

Gummibärchenspiel

✿ Gummibärchen

Die Kinder sitzen im Kreis auf dem Boden; sie haben die Hände auf dem Rücken. Vor jedem Kind liegt in greifbarer Nähe ein Gummibärchen. Der Spielleiter erzählt nun eine kleine Geschichte, zum Beispiel die, in der Wutsch, Watsch und Witsch, die Gummibärchen, zu Besuch sind bei Milli und Lilli, den Schokomäusen. Die Geschichte sollte möglichst so spannend erzählt werden, daß die Kinder von ihr fasziniert sind und kaum noch auf die Nennung des Wortes *Gummibärchen* achten. Fällt nun dieses Stichwort, müssen die Spielteilnehmer blitzschnell reagieren und das Gummibärchen aufnehmen. Der Spielleiter macht unterdessen eine Pause. Läßt ein Kind sein Bärchen aus Versehen liegen, muß es die Süßigkeit einem anderen Kind schenken, darf aber weiter mitspielen. Das Geschenk darf aufgegessen werden, während die übrigen Gummibärchen wieder hingelegt werden müssen. Der Spielleiter kann die Geschichte so lange fortführen, bis alle Kinder ein Gummibärchen geschenkt bekommen haben.

Viele *Varianten* sind denkbar: Jedes Kind hat mehrere Gummibärchen vor sich liegen. Oder: Die Gummibärchen in die Mitte des Kreises legen, aber immer um eines weniger, als Spieler vorhanden sind. Das Kind, das kein Bärchen erwischt, trabt dann ganz enttäuscht als ›Bär‹ im Raum herum.
Denken ließe sich auch ein Gummibärchenfarbenspiel. Alle Bärchen liegen in einer großen Schüssel, die in der Mitte steht. Fallen die Worte *rotes Gummibärchen*, müssen die Spieler schnell ein rotes herausnehmen, bei *grün* ein grünes und so weiter.

Die ausgeflippten Affen im Spielzeugladen

✿ leere Brause- oder Bierdosen
✿ Reis, getrocknete Hülsenfrüchte oder kleine Steine
✿ Klebeband
✿ verschiedenfarbiges Papier
✿ Klebstoff

Die Klapperdosen sind schnell gebastelt: Die leeren Getränkedosen werden ausgespült, mit kleinen Steinen, Reis oder Hülsenfrüchten gefüllt und mit Klebeband verschlossen. Mit farbigen Papierschnipseln phantasievoll beklebt, sehen sie besonders lustig aus.
Wir stellen uns folgende Geschichte vor: Ein Kunde betritt ein Spielzeuggeschäft und läßt sich vom Verkäufer diverse mechanische Puppen, Figuren und Tiere zeigen. Zu diesem Zweck zieht der Verkäufer die Figuren auf und sie bewegen sich dann so lange, bis sie abgelaufen sind.
Diese Situation spielen die Kinder nun nach. Einige übernehmen den Part der Figuren, verwandeln sich also in Affen, Frösche und so weiter. Die Zuschauer führen mit selbstgebastelten Klapperdosen Regie. Dazu wird jede Figur einem Kind zugeordnet. Fängt es an zu klappern, bewegt

sie sich, hört es auf, bleibt sie stehen. Die ›Affen‹ hopsen natürlich besonders wild herum, müssen aber auf der Stelle erstarren, wenn sie ›abgelaufen‹ sind, das Regie führende Kind also nicht mehr klappert.
Der ›Verkäufer‹ nennt nun Preise und Vorzüge der einzelnen Figuren, und der ›Kunde‹ muß zum Schluß entscheiden, welches Spielzeug er kauft.

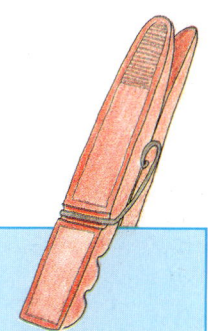

Tips für Eltern
Dieses Spiel bietet besonders gut motorisch unruhigen Kindern die Gelegenheit, vor der Gruppe eine wichtige Rolle zu spielen. Sie können dabei lernen, ihre Unruhe etwas besser zu kontrollieren oder sogar abzubauen, da ein Wechsel zwischen Ruhe und Bewegung stattfindet.

In der Badewanne auf hoher See

- ❀ eventuell eine große Plastikbadewanne
- ❀ dicke Pullover
- ❀ Tisch mit darübergelegter Decke als Höhle
- ❀ Kekse, Flasche Kakao, Gummibärchen

Ein Erwachsener erzählt den Kindern folgende Geschichte, deren Inhalt unmittelbar in Bewegungen, Geräusche und so weiter umgesetzt wird:

Wir sitzen alle zusammen in einer Badewanne und befinden uns auf hoher See. Die Sonne scheint, sie brennt uns auf der Haut. Uns ist wohlig warm, wir dösen vor uns hin und schaukeln hin und her. Zwischendurch springen wir immer mal ins Wasser, um uns etwas abzukühlen.
Doch dann wird es plötzlich dunkler, ein Sturm zieht auf, der kalte Wind bläst uns um die Ohren. Wir ziehen uns warm an, klammern uns an den Rändern der Badewanne fest und versuchen, dem Sturm zu trotzen. Als er sich endlich beruhigt hat,

ist es Nacht geworden. Erschöpft schlafen wir, durch- und übereinanderliegend, schließlich ein.
Am nächsten Morgen entdeckt endlich einer von uns Land. Wir rudern mit großer Anstrengung darauf zu und erreichen es eine Stunde später mit letzter Kraft. Es scheint eine einsame Insel zu sein. Vorsichtig gehen wir an Land. Wir bestaunen die fremden Pflanzen, die hier wachsen. Sie sind viel, viel größer und bunter als bei uns. Dann legen wir uns an den Strand und ruhen uns nach all den Mühen aus.
Bald aber bekommen wir großen Hunger. Wir suchen und suchen, und ein Kind entdeckt schließlich eine Höhle, in der Seeräuber ihre Vorräte aufbewahren. Endlich etwas zu essen! Doch sie waren schlau, die alten Piraten: Jedes einzelne Stück ist versteckt, wir müssen die Sachen erst suchen. Schließlich finden wir Kekse, eine Flasche Kakao und ein paar Gummibärchen.

Quatschamulupimpa – Das Spiel mit der Phantasiesprache

✽ eventuell eine Hand- oder Stab-
puppe

Die Kinder stellen sich ein Traumland vor und erfinden dafür auch eine Phantasiesprache. Die gibt es natürlich nirgendwo sonst auf der Welt. Wie die Sprache klingen kann, demonstriert der Spielleiter anhand einer kurzen Geschichte. Am besten denkt man beim Sprechen an etwas ganz Bestimmtes und begleitet die Erzählung mit Gestik und Mimik. Wichtig sind auch Satzrhythmus und -melodie. Der Spielleiter kann zum Beispiel ›berichten‹, daß er etwas sehr Gutes gegessen und getrunken hat, dann aber Bauchweh bekam. Oder wie er seine Brille suchte, um Zeitung lesen zu können, oder wie er dringend auf die Toilette mußte und keine fand.
Er beobachtet nun, welche Kinder sich spontan an der Kauderwelsch-produktion beteiligen. An sie kann er zuerst eine Frage in der neuen Spra-che richten, denn sie werden vermutlich spontan antworten und so die anderen anregen, sich an der Unterhaltung zu beteiligen.
Um eine gelöste, heitere Atmosphäre zu schaffen, kann man eine Finger- oder Handpuppe als Hilfsmittel einsetzen, die zum Erzählen animiert.

Geschichte vom Bären

✽ große Decke oder großes Laken

Die Kinder befinden sich auf der einen Seite eines großen, leeren Raumes, der Bär liegt auf der anderen Seite in seiner Höhle. Die bauen wir, indem wir die Decke über einen Tisch oder über einige Stühle hängen.
Wir erzählen nun die Geschichte vom Bären, und die Kinder machen dazu die entsprechenden Bewegungen.

Der dicke Bär liegt in seiner Höhle und schläft. Eines Tages kommen viele kleine Eichhörnchen an seine Höhle gehüpft und rufen: »Bär, Bär, komm heraus!« Sie springen wie wild um seine Höhle herum, doch der Bär schläft ruhig weiter. Die Eichhörnchen wollen ihn jedoch unbedingt wachbekommen. Sie springen immer höher, um durch die Fenster in seine Höhle schauen zu können.
Aber der Bär schläft seelenruhig weiter. Also probieren sie etwas anderes: *Sie schleichen sich leise an, pochen laut an die Wandung der Höhle und rufen: »Bär, Bär, komm heraus!« Und endlich zeigt sich ein großer wuscheliger Kopf, gefolgt von einem massigen Körper. Der Bär reckt und streckt sich und gähnt so ausgiebig, daß man tief in seinen Schlund hineingucken kann. Er brummt laut und versucht dann, die Eichhörnchen* (= die Kinder) *zu fangen. Sie erschrecken ganz fürchterlich und bringen sich so schnell wie möglich in Sicherheit. Aber der Bär tappt hinterher. Alle Eichhörnchen, die er fängt, werden Mitglieder seiner Bärenfamilie. Und ganz langsam fangen sie an, sich richtig gern zu mögen.*

Wir kaufen ein

❋ Einkaufstasche
❋ Portemonnaie mit Geld
❋ eventuell die genannten Lebensmittel

Und hier noch ein weiteres lustiges Mitmachspiel, zu dem wir folgende Geschichte erzählen. Viele der erwähnten Utensilien haben wir im Haushalt. Aber es geht auch ohne.

Es ist schon sehr spät. Die Geschäfte schließen bald. Wir laufen schnell los, um noch die wichtigsten Sachen einzukaufen. Wir laufen immer schneller.
Endlich kommen wir beim Bäcker an. Das Brot, das wir gerne möchten, liegt auf einem sehr hohen Regal. Wir springen dreimal so hoch wir können, bis wir es endlich haben. Wir packen den Laib in unsere Tasche und laufen weiter zum Schlachter. Dort lassen wir uns Würstchen geben und packen sie ein. Aber welch ein Ärger, da fällt uns doch glatt das Geld hinunter! Wir suchen überall danach. Schließlich findet es einer von uns

wieder, macht einen Freudensprung und schreit: »Hurra, hier ist es!« Die anderen freuen sich mit. Wir bezahlen die Würstchen und verlassen schnell den Laden, weil wir auch noch andere Dinge kaufen wollen. Inzwischen ist es 17.50 Uhr. Wir haben noch zehn Minuten Zeit, bis die Läden schließen. Jetzt fängt es zu allem Überfluß auch noch an zu regnen. Wir halten den Regenschirm in der einen Hand, die Einkaufstüte in der anderen und laufen um die Pfützen herum. Die Zeit wird knapp. Als wir schließlich beim Kaufmann ankommen, will er schon zumachen und hat vor seinem Laden bereits die Obst- und Gemüsekisten aufgestapelt. Wir springen darüber hinweg, schlängeln uns vorsichtig an den Regalen vorbei zum Ladentisch und fragen: »Können Sie uns noch etwas Butter, Käse und Milch verkaufen?« Obwohl er gerne nach Hause möchte, ist er sehr freundlich und gibt uns die Sachen. Wir rennen jodelnd nach Hause, denn wir freuen uns sehr, daß wir noch alles geschafft haben. Jetzt können wir uns ausruhen und in Ruhe Abendbrot essen.

Bei einem Sturm haben Kapitän und Fahrgäste alle Hände voll zu tun, um das Schiff vor dem Kentern zu bewahren

Schiff im Sturm

❋ Kreide oder langes Seil

Vor Beginn der Geschichte zeichnen wir mit Kreide den Grundriß eines Schiffes auf den Fußboden. Falls wir in einem Zimmer mit Teppichboden spielen, können wir ihn mit einem langen Seil legen. Wir erklären folgende Begriffe aus der Seemannssprache: *Bug* – vordere Spitze, *Heck* – hintere Spitze, *Backbord* – rechte Seite, *Steuerbord* – linke Seite.
Wir erzählen den kleinen Fahrgästen, daß das Schiff in einen schweren Sturm geraten ist, der es heftig hin und her schaukeln läßt, und wir es nur durch fortwährende Gewichtsverlagerung vor dem Kentern bewahren können. Deshalb müssen sich die Passagiere auf das Kommando des Kapitäns hin schnell an die bezeichnete Stelle des Schiffes begeben. Wer das Kommando falsch ausführt, wird auf eine einsame Insel verbannt, wer über die Markierung tritt, fällt ins Meer und muß gerettet werden.

Geschichte vom Verkehrschaos

✿ Trillerpfeife

Wir teilen die Kinder ein in Autofahrer, Radfahrer, Fußgänger und so weiter. Dann stellen wir uns vor, daß in der ganzen Stadt die Verkehrsampeln außer Betrieb sind. Der Verkehrspolizist regelt den Verkehr mit der Trillerpfeife und durch Zurufe. Zu Anfang fahren alle Autos völlig planlos durcheinander. Der Polizist pfeift und ruft zum Beispiel: *Alle links abbiegen!* – und sofort müssen alle die gewünschte Richtung einschlagen. Wenn er *Unterführung* ruft, müssen alle in der Hocke weitergehen. Bei dem Ruf *Rasthaus* parken alle vor dem Rasthaus. Pfeift der Polizist lange, müssen die Radfahrer sich in Bewegung setzen, pfeift er kurz, die Autos. Die Fußgänger können dann in Ruhe zwischen den Fahrzeugen herumspazieren, wenn der Schutzmann nicht pfeift. Ansonsten müssen sie stehen bleiben.

Geschichte von den Inselbewohnern

Es waren einmal zwei Inseln, die lagen mitten im Meer. Auf der einen Insel wohnten die Mumplies, ein recht munteres Volk, auf der anderen Insel die Schloppies, ein lahmes Volk, das verlernt hatte, sich zu bewegen.
Die Mumplies machen täglich ihren Morgenlauf, laufen immer im Kreis um ihre Insel herum, holen sich ihr Essen vom Baum, wobei sie hoch springen müssen, um die Bananen zu erreichen. Das macht ihnen aber nichts aus, denn sie sind ja ein sehr munteres Völkchen. Nach dem Essen holen sie ihre Schubkarren (jeweils ein Kind läuft als ›Schubkarre‹ auf den Händen, während es von einem anderen an den Beinen festgehalten wird)

und sammeln Kokosnüsse für das Mittagessen. Nach dem Essen veranstalten sie ein Bockspringen, wobei immer ein Mumplie über den anderen springt. Um sich abzukühlen, machen sie danach einen eleganten Kopfsprung ins Wasser und schwimmen ein paar Runden.
Die Mumplies und die Schloppies kannten sich bisher nicht. Aber eines Tages erreichen die Mumplies zufällig auf einer Schwimmtour die Insel der Schloppies, wo diese lahm und gähnend in der Sonne liegen. Einige von ihnen sind schon krank geworden, weil sie sich kaum bewegen und außerdem so wenig zu essen haben. Denn sie sind sogar zu faul, um sich Bananen vom Baum zu holen. Die Mumplies zeigen ihnen erst einmal, wie hoch sie springen und wie schnell sie laufen können und wie der Schubkarrenlauf, das Purzelbaumschlagen und das Bockspringen gehen. Zunächst trauen sich die Schloppies das überhaupt nicht zu, entdecken dann aber langsam, daß sie das auch ganz toll können und – was sie vorher nie für möglich gehalten hätten – daß Bewegung sogar Spaß machen kann.

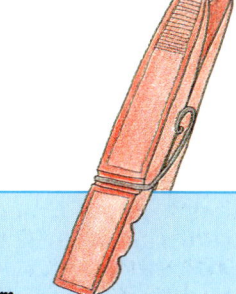

Tips für Eltern
Diese Geschichten sollen als Anregung dienen, weitere zu erfinden. In jedem von uns steckt nämlich ein Erzähler. Oft brauchen wir auch nur den Anfang zu machen, denn die Kinder spinnen die Geschichte gern selbst weiter und lieben es auch, sich Bewegungen dazu auszudenken.

Von Cowboys und Küchenfeen

Zu einer Phantasiemelodie singen und spielen wir:

*Alle Indianer stampfen
mopsfidel und quietschvergnügt,
bis der ganze Zappelhaufen
um ein Haar am Boden liegt.*

Alle wilden Cowboys reiten...

Alle Clowns vom Zirkus strampeln...

Alle Hörnerteufel bocken...

Alle Faschingstiere fliegen...

Alle Küchenfeen rühren...

Alle alten Weiber humpeln...

Und das ganze Lumpeng'sindel...

Für die letzte Strophe müssen wir uns einen Text einfallen lassen; die anderen Zeilen kann man – wenn die Phantasie nicht reicht – mit den Zeilen zwei bis vier der ersten Strophe ergänzen.

Ich bin ein kleiner Hampelmann

Bei diesem Spiel stehen wir.

*Ich bin ein kleiner Hampelmann,
der Arme und Beine bewegen kann.*
(Hampelmannbewegungen machen)
Mal rechts, hm, hm,
(Rechten Arm heben, bei ›hm, hm‹
Hand öffnen und schließen)
mal links, hm, hm,
(Entsprechend mit links)
mal auf, hm, hm,
(Beide Arme nach oben strecken)
mal ab, hm, hm,
(Mit beiden Händen auf den Boden klatschen)
und auch mal klapp, klapp, klapp.
(In die Hände klatschen)

*Man hängt mich drinnen an die Wand
und zieht an einem langen Band.*
(Man tut so, als hielte man mit der einen Hand den Hampelmann und ziehe mit der anderen am Band)
Mal rechts...

*Mein Kopf, der ist so schwer,
ich will und mag nicht mehr.*
(Kopf hängen lassen)
Mal rechts...

Lustiges Bewegungslied

Alle Tätigkeiten, die im folgenden beschrieben werden, setzen wir in Bewegungen um.
Auch wenn uns dieses Lied zunächst eintönig erscheint: gerade wegen seiner Einfachheit ist es bei Kindern sehr beliebt.

Was tun wir denn so gerne hier im Kreis?
Was tun wir denn so gerne hier im Kreis?
Singen, singen, lala lala la.
Singen, singen, lala lala la.

Was tun wir denn ...
Was tun wir denn ...
Klatschen, klatschen, pitsche, pitsche, patsch.
Klatschen, klatschen, pitsche, pitsche, patsch.

Was tun wir denn ...
Was tun wir denn ...
Spielen, spielen, plom, plom, plom, plom, plom.
Spielen, spielen, plom, plom, plom, plom, plom.

Was tun wir denn ...
Was tun wir denn ...
Flöten, flöten, didel, dideldum.
Flöten, flöten, didel, dideldum.

Was tun wir denn ...
Was tun wir denn ...
Drehen, drehen, immer rundherum.
Drehen, drehen, immer rundherum.

Was tun wir denn ...
Was tun wir denn ...
Wackeln, wackeln, wickel, wickel, wack.
Wackeln, wackeln, wickel, wickel, wack.

Was tun wir denn ...
Was tun wir denn ...
Tanzen, tanzen, hopp, hopp, hopp, hopp, hopp.
Tanzen, tanzen, hopp, hopp, hopp, hopp, hopp.

Was tun wir denn ...
Was tun wir denn ...
Fallen, fallen, fidi, fidibums.
Fallen, fallen, fidi, fidibums.

Hört ihr die Regenwürmer husten?

Hört ihr die Regenwürmer husten,
(Hände zum Horchen hinter die Ohren)
wenn sie durchs dunkle Erdreich ziehn?
(Husten nachahmen)
Wie sie sich winden –
(Mit einem Arm durch die Luft wedeln)
und dann verschwinden
auf nimmer, nimmer Wiedersehn.
(Arm hinter den Rücken)
Und wo sie waren,
da ist ein Loch, zwo, drei,
(mit beiden Händen ein Loch formen)
und wenn sie wiederkommen,
dann ist es noch, noch, noch.

Lied vom braunen Bären

Wir stehen im Kreis und halten uns an den Händen. Drei Kinder in der Mitte spielen Tanzbär. Alle singen, während die ›Tanzbären‹ den Text in eine Pantomime umsetzen. Der Kreis dreht sich, abwechselnd je nach Strophe, links oder rechts herum. Wenn uns keine Phantasiemelodie einfällt, können wir den Text zur Melodie von ›Häschen in der Grube, saß und schlief . . .‹ singen.

Es war einmal ein brauner Bär, brumm, brumm, brumm,
der tanzte so von ungefähr rundherum.

Er nickt mit seinem dicken Kopf, ruck, ruck, ruck,
und steckt ihn in den Honigtopf, guck, guck, guck.

Mit seiner Zunge, rauh und rot, leck, leck, leck,
nascht er den Honig ohne Brot, schleck, schleck, schleck.

Hoffentlich erschreckt uns der Bär nicht mit seinem lauten Brummen!

Lied und Spiel vom Zippel-Zappelmann

Leute, seht mal an,
was ich alles kann.
Ich bin der Zippel-Zappel-, Zippel-Zappel-mann.
Ich bin der Zippel-Zappel-, Zippel-Zappel-mann.

Seht mal an, (stampfen)
was ich kann.
Ich bin der Zippel-Zappel-...

Seht mal an, (platschen)
was ich kann.
Ich bin der Zippel-Zappel-...

Seht mal an, (klatschen)
was ich kann.
Ich bin der Zippel-Zappel-...

Nach diesem Schema können wir uns noch viele andere Bewegungen ausdenken und nachspielen. Vielleicht möchten die Kinder auch selbst vorschlagen, was der Zippel-Zappelmann noch so alles tun soll.

Indianerjunge

Ein kleiner Indianerjunge liegt in seinem Zelt und schläft.
(Kopf auf die Hände legen und schnarchen)
Dann wacht er auf und reckt und streckt sich.
(Augen aufmachen und reiben)
Dann überlegt er: Was könnte man heute einmal machen?
(Kopf abwechselnd auf zwei Finger stützen)
Plötzlich hat er eine Idee.
(Zeigefinger in die Luft)
Man könnte einen Bären jagen.
(Finger deuten eine Waffe an)
Er macht sein Zelt auf –
(Handflächen nach außen drehen und dann seitlich vom Körper wegbewegen)
und ruft seine Freunde: ›Indianer, Indianer, kommt her!‹
(Hände als Trichter an den Mund legen und laut rufen)
Seine Freunde kommen angaloppiert.
(Mit den Handflächen abwechselnd auf die Oberschenkel schlagen. Das entspricht in etwa dem Geräusch, das ein galoppierendes Pferd macht)

Er erzählt ihnen von seiner Idee –
(Kopf abwechselnd den anderen Kindern zuwenden und etwas murmeln)
und sie brechen in lautes Freudengeheul aus.
(lautes Freudengeheul, dabei mit der Hand leicht auf den Mund schlagen. Das erzeugt einen stakkatoartigen Ton)
Dann machen sie sich auf den Weg: Sie reiten über eine Wiese,
(Handflächen aneinander reiben)
eine nasse Wiese,
(Handflächen aneinander reiben und dabei sehr, sehr leise ›ft ft ft ft ft . . .‹ sagen)

und über eine Brücke,
(Fäuste abwechselnd auf die Brust schlagen)
dann auf einen Berg,
(Handflächen zueinander wenden, Fingerspitzen berühren sich; dann die Hände abwechselnd in die Höhe heben)
und klettern auf einen Baum.
(Hände so halten, als umgreife man einen Baum; dann übereinander greifen, als klettere man hoch)
Dort sitzt der kleine Indianerjunge auf einem Ast und guckt.
(Mit einer Hand die Augen abschirmen und nach links und rechts schauen)
Links kein Bär, rechts kein Bär und rundherum nichts zu sehen.
(gleiche Bewegung noch einmal)
Doch plötzlich! Da hinten sieht er einen riesengroßen, schwarzen Bären, der auf ihn zukommt und ihn fressen will.
(Mit dem Zeigefinger in eine Richtung zeigen)
Nun ganz schnell nach Haus! Den Baum hinunter . . .
(Alle Bewegungen in umgekehrter Reihenfolge nacheinander wiederholen, nur etwas schneller)

Musik-, Sing- und Rhythmikspiele

Melodien zu summen und Lieder zu singen macht kleineren Kindern erst so richtig Spaß, wenn sie dazu Krach machen können. Damit wir für die rhythmische Begleitung der folgenden Lieder die nötigen Instrumente haben, lohnt es sich, einige selbst zu basteln. Natürlich müssen wir Erwachsenen die Kinder, deren Motorik noch nicht so fein ausgebildet ist, tatkräftig dabei unterstützen.

Beginnen wir mit der **Trommel**. Dazu benötigen wir:

* leere Waschmitteltonne mit Deckel oder alten Topf
* Stoffreste
* Schere
* Farben oder Buntpapier
* Schnur oder Geschenkband
* Klebeband
* Milchdosenöffner
* Alufolie
* Plastiktischdecke
* Fensterleder
* Alleskleber
* Holzstäbe, Kochlöffel, Pinsel und Bürsten

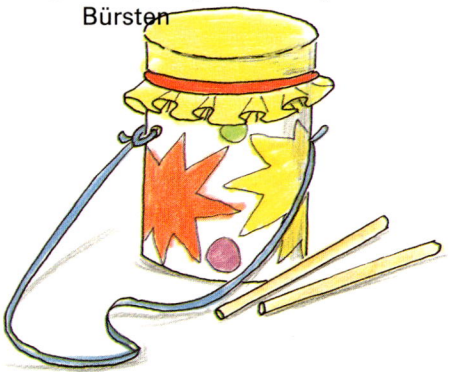

Zunächst verzieren wir die Tonne, indem wir sie bunt bemalen oder mit Buntpapier bekleben. Der Deckel wird mit Alufolie oder mit einem Rest möglichst dicken Stoffs beklebt. Bevor wir ihn mit Hilfe von Klebeband auf der Tonne befestigen, stechen wir mit einem Milchdosenöffner Löcher in den oberen Teil der Tonne, und zwar etwa 5 cm unterhalb des Randes zweimal je zwei Löcher in einem Abstand von 2 cm zueinander. Dort befestigen wir eine Schnur, damit wir uns die Trommel umhängen können. Wenn wir die Tonne mit altem Fensterleder oder einem Stück Plastiktischdecke bespannen, entsteht ein anderer Klang.

Ob die Kinder nun mit Holzstäben, Kochlöffeln oder mit ihren Fingern trommeln möchten, bleibt ihnen überlassen. Es bringt auch Spaß, mit alten Pinseln oder Bürsten über die Trommel zu streichen.

Tips für Eltern

Musikbewußtsein entsteht bei Kindern, indem man sie für Geräusche sensibilisiert. Sie entdecken ziemlich schnell, wie unterschiedlich diese sein können.

Rhythmus und Tempo der Musik, des Gesangs und der Spiele – sowie natürlich auch aller anderen Handlungen – werden von den Gefühlen und vom Temperament der Kinder gesteuert. Sie brauchen für ihre Entwicklung die Musik als Ausdrucksmittel.

Stimmungen setzen sie oft um in selbsterfundene Melodien – und sind dabei viel unbefangener als Erwachsene.

Sie bewegen sich spontan zu (musikalischen) Rhythmen und haben beim Musizieren mit (selbstgebastelten) Instrumenten weniger Hemmungen als die Erwachsenen.

Ob wir von den Musikern wohl ein Autogramm bekommen?

Um eine **Gitarre** zu basteln, brauchen wir:

❀ lange Gummibänder
❀ Kiste, Schuhkarton oder Papprolle
❀ scharfes Messer

Mehrere Gummibänder werden über die Kiste oder den Karton gespannt und daran befestigt.
Man kann aber auch ein Loch in die Papprolle schneiden, ihre beiden Enden mit Kerben versehen und sie mit Gummibändern bespannen.

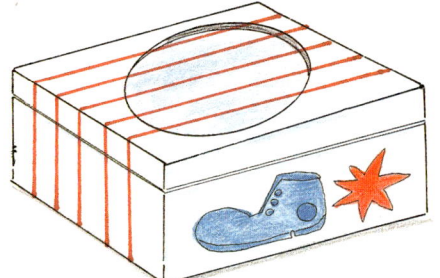

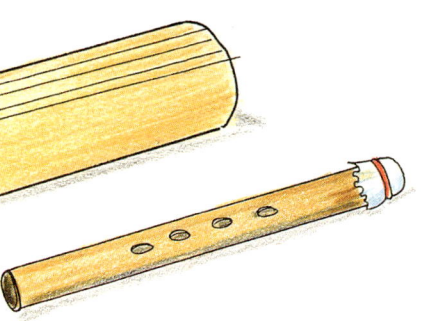

Ein **Kronkorkentamburin** gehört auch in unsere Sammlung. Wir benötigen:

❀ Milchdosenöffner
❀ Kronkorken
❀ Knöpfe
❀ etwas dickere Nylonfäden
❀ Deckel einer Waschmitteltonne
❀ Farben oder Buntpapier
❀ Klebeband

Mit Hilfe des Milchdosenöffners versehen wir die Kronkorken jeweils mit einem Loch. Dann knoten wir etwa 20 bis 30 Kronkorken und Knöpfe an kurze Nylonfäden und befestigen sie am Rand des Deckels (mit Klebeband oder mit einem Knoten). Den Deckel bemalen wir oder bekleben ihn mit Buntpapier.

Zum Basteln einer **Flöte** brauchen wir:

❀ Papprolle
❀ Pergamentpapier
❀ Gummiring

Wir verschließen die Papprolle an einem Ende mit Pergamentpapier, das wir mit einem Gummiring befestigen. Dann schneiden wir in einer Linie drei oder vier Löcher in die Röhre.

Rasseln kann man auf verschiedene Arten basteln. Wir nehmen

❀ Papprollen
❀ Joghurtbecher
❀ Brausedosen oder
❀ Konservendosen
und füllen diese mit
❀ Nägeln
❀ Erbsen
❀ Knöpfen
❀ Steinen
❀ Sand
❀ Murmeln oder
❀ Glasperlen
und verschließen die Behälter mit
❀ Pappe und Klebeband oder
❀ Stoff und Gummibändern

Je nachdem, welchen Inhalt die Rollen, Becher oder Dosen haben, entsteht beim Schütteln ein anderes Geräusch. Das kommt uns beispielsweise bei der Untermalung einer Geschichte mit lauten und leisen Geräuschen zugute. Wir müssen die Wirkung allerdings vorher ausprobieren. So klingen Erbsen in einer Papprolle natürlich ganz anders als in einer Aluminiumdose.

Auch das **Glasklavier** kann viel zum Gelingen unseres Konzerts beitragen. Wir brauchen dafür:

❀ mehrere Gläser oder Flaschen
❀ Teelöffel

Die Gläser oder Flaschen werden unterschiedlich hoch mit Wasser gefüllt. Schlagen wir sie dann mit dem Teelöffel an, hören wir verschiedene Klänge.

Aus Dosen kann man nicht nur Rasseln basteln, sondern auch **Zupfgeigen**. Dazu benötigen wir:

❀ Dosen
❀ Milchdosenöffner
❀ stabiles Schneidemesser
❀ Nylonkordel
❀ Holzleiste (etwa 1 x 4 cm bei 20 bis 30 cm Länge)
❀ kleine Säge
❀ Schrauböse oder -haken

Zunächst schneiden wir mit dem Messer ein etwas größeres Loch in die Mitte der oberen Fläche der Dose,

leeren sie und waschen sie aus. Die Holzleiste wird ungefähr 2 bis 3 cm von dem einen Ende entfernt bis zur Hälfte der Breite eingesägt, damit sie an der Dose befestigt werden kann. Die Schrauböse schraubt man ins andere Ende der Latte. In die Mitte des Bodens stechen wir mit einem Milchdosenöffner ein Loch, führen von außen eine Schnur hindurch, deren Ende durch einen Knoten gehalten wird. Das andere Ende, das wir durch geschicktes Bewegen der Dose aus dem größeren Loch heraus- schütteln, knoten wir so an der Öse fest, daß die Schnur straff gespannt ist. Wir können beim Zupfen beson- ders schöne Laute erzeugen, wenn wir die Dose auf festen Grund stellen und mit den Füßen festhalten.

Auch ein abgewandeltes **Xylophon** können wir leicht basteln. Wir brau- chen dazu:

❃ viele verschiedene Gegenstände aus Metall, wie zum Beispiel Schrauben, Besteck und Schlüssel
❃ Nylonfäden
❃ Bügel
❃ Löffel

Wir hängen die Metallgegenstände mit Nylonfäden an dem Bügel auf. Mit Löffeln bringen wir dann das Metallxylophon zum Klingen.

Schöne Blubbergeräusche kann man mit einer **Wasserorgel** erzeugen. Wir benötigen dazu:

❃ Glas- oder Metallröhrchen
❃ leeres Weck- oder Würstchen- glas.

Wir füllen das Weckglas zur Hälfte mit Wasser und pusten durch die Röhre hinein.

Wenn alle Instrumente fertig sind, kann es losgehen mit unserer Musik: Wir können in einem großen Orche- ster so richtig schön Lärm machen, Lieder begleiten und die Instrumente zur Untermalung von Geschichten einsetzen. Dabei steigert der Wech- sel von laut und leise die Spannung. Im folgenden nun zahlreiche Vor- schläge für Musik- und Rhythmik- spiele, bei denen wir zum Teil unsere selbstgebastelten ›Klangkörper‹ ver- wenden können.

Geschichte vom heimatlosen Bären

Es war einmal ein Bär, der tappte im Wald umher.
(langsam auf der Trommel schlagen)
Er fand seine Höhle nicht und war sehr müde. In der Nähe eines Sees legte er sich schlafen. Da hörte er ein blubberndes Geräusch.
(Wasserorgel)

Was war das? Vielleicht ein Frosch? Der Bär sah nichts, denn es war schon dunkel. In der Ferne sang noch ein einsamer Vogel.
(Flöte)
Dann schlief er ein. Er träumte einen schönen Traum. Zu leisen Tönen tanzte er beim Bärenfest mit seiner kuscheligen Bärenfrau.
(Gläserklavier, Zupfgeigen und Xylophon)
Doch dann wurden die Tänze immer lauter und wilder.
(Kronkorkentamburin, Gitarre)
Die beiden Bären tanzten zu italienischen Rhythmen eine Tarantella, bis sie vor Erschöpfung nicht mehr konnten. Dann gingen sie heim in ihre Höhle zu den Kindern. Die spielten lustig vor der Höhle.
(Rasseln)
In diesem Moment weckte laute Musik den Bären aus seinem Traum. Die Tiere des Waldes brachten ihm ein Ständchen.
(Alle Instrumente)
Er hatte nämlich Geburtstag. Als Geschenk brachten sie ihm einen Plan vom Wald mit, hübsch in grüne

Blätter verpackt. Die Höhle des Bären war rot eingezeichnet. So würde er sich nie mehr verlaufen. Darüber freute sich der Bär.

So ähnliche Geschichten können wir uns mit etwas Phantasie auch selbst ausdenken. Dabei sollten wir die Instrumente bewußt mit einplanen.

Bei den nun folgenden Reimen und spielbaren Liedern haben die Kinder noch mehr Spaß an der Bewegung, wenn sie dazu im Rhythmus Geräusche erzeugen. Hierfür nähen wir kleine Klingeln und Schellen an alte Handschuhe und Hausschuhe oder Socken.

> ### Tips für Eltern
> *Kleine Kinder empfinden mehr Freude beim Spiel, wenn es mit einer Melodie und einem sich wiederholenden Text verbunden wird. Sie singen gern, können sich aber neue Texte und neue Melodien noch nicht so gut merken. Es ist für Kinder und Erwachsene einfacher, die nachfolgenden Texte zu Melodien bekannter Kinderlieder zu singen. Die Namen der Lieder sind jeweils angegeben.*

Kitzelschlucht

Die Kinder stehen sich in zwei Reihen gegenüber und bilden so eine Art Durchgang. Der Abstand sollte so groß sein, daß sie sich mit den Händen leicht berühren können. Ein Kind versucht nun, auf Zehenspitzen und mit den Händen an den Hüften durch diese Kitzelschlucht zu rasen. Natürlich wird es dabei durch zahlreiche Hände behindert und von ihnen gekitzelt. Ansonsten gibt es keine Regeln bei diesem Spiel, und ein Ziel bzw. Ergebnis wird auch nicht festgelegt. Egal, ob das Kind durch die ›Kitzelpfoten‹ zum Lachen gebracht wird oder nicht: das Erlebnis beim Durchqueren der Kitzelschlucht macht den Reiz dieses Spiels aus.
Zur Melodie von *Alle meine Entchen* singen wir folgenden Text:

Die Backen aufgeblasen,
und die Nase nicht im Dreck,
auf Zehenspitzen rasen,
sonst lach' ich mich gleich weg.
Die Hände an den Hüften
und dann mit bester Kraft.

So wird auch diese Kitzelschlucht
spielend jetzt geschafft,
so wird auch diese Kitzelschlucht
spielend jetzt geschafft.
(Refrain beim Durchqueren der Kitzelschlucht singen)

Wer traut sich in die Kitzelschlucht?
Wer hat es denn noch nicht versucht?
Die Kitzelpfoten ragen raus.
Wer hält es in der Ki-Ka-Ko-Ka-Kitzelschlucht denn aus?!
(Die letzten Zeilen melodisch improvisieren)

Und hier noch eine schöne Variante der ›Kitzelschlucht‹:

Wer durch die ›Kitzelschlucht‹ läuft, sollte sich auf einiges gefaßt machen . . .

Lachgang

Die Kinder (und Erwachsenen) stehen sich in zwei Reihen gegenüber. Alle haben die Hände auf dem Rükken. Ein Spielteilnehmer versucht nun, durch den Gang zu laufen, ohne zu lachen. Die anderen aber geben sich größte Mühe, ihn durch Grimassenschneiden zum Lachen zu bringen. Dabei müssen die Hände auf dem Rücken bleiben, und es darf nicht gesprochen werden. Wer es schafft ohne eine Miene zu verziehen, durch den ›Lachgang‹ zu gehen, bekommt Applaus.

Diese beiden Spiele erfordern nicht unbedingt viele Teilnehmer. Auch in der Familie sind sie gut spielbar. Dann bilden Mutter, Vater, Oma, Opa, Tante, Onkel und die Kinder einen Kreis und versuchen, in einer vorher gemeinsam vereinbarten Zeit (vielleicht mit Hilfe einer Eieruhr) einen Teilnehmer zum Lachen zu bringen. Es werden dabei Punkte verteilt.

Pinsel schwingen, dazu singen

❀ Tapetenrollen
❀ Pinsel
❀ verdünnte Wandfarbe

Die Kinder stehen um einen Tisch herum, auf dem eine Tapetenrolle teilweise aufgerollt ist. Gemalt wird mit der verdünnten Farbe auf die Rückseite der Tapete. Nun geht es der Reihe nach. Ein Kind nimmt Farbe auf den Pinsel und macht einen Klecks auf das Papier. Dann muß erraten werden, welchem Tier der Farbklecks ähnlich sieht. Das können natürlich auch Phantasiegeschöpfe sein, wie beispielsweise ›Klackaschlufen‹. Begleitet wird die Malaktion von einem Lied. Zur Melodie von *Alle Vögel sind schon da* singen wir folgenden Text:

Laßt uns mal den Pinsel schwingen,
unsere Kleckse können singen.
Kleine, dünne, große, fette,
jeder, wie er es gern hätte.
Laßt uns mal den Pinsel schwingen,
unsere Kleckse können singen.

Nach dieser Zeile beginnt das Raten. Natürlich können die Kinder nun auch noch versuchen, wie dieses Tier zu ›singen‹ bzw. seine Laute nachzuahmen. Man darf gespannt darauf sein, wie das bei einem ›Papageienhering‹ klingt.

Farbmemory

❀ weißes Papier (DIN A4)
❀ Farben und Pinsel
❀ Pappe
❀ Klebstoff
❀ selbstklebende Folie
❀ Schere

Ein Blatt Papier wird in der Mitte gefaltet. Die Kinder klecksen mit der Farbe auf eine Seite des Papiers, falten es wieder zusammen und streichen mit der Hand darüber, damit die Farbe spiegelbildlich abgedruckt wird. Wenn wir die Doppelkunstwerke jeweils einzeln auf feste Pappe kleben und mit Folie überziehen, dann bekommen wir ein kunstvolles Memoryspiel, mit dem es sich prima spielen läßt.

Fleißige Maler

❀ große, weiße Pappe
❀ kleine Eimer mit Farbe
❀ Pinsel

Während wir singen, malen wir ein Bild. Wir tragen beispielsweise verdünnte Farbe in Erdtönen mit Pinseln auf die große Pappe auf. Bis die Bilder fertig sind, singen wir fröhlich weiter, und zwar zur Melodie von *Wer will fleißige Handwerker sehen*. Den Text wandeln wir ab in:

Wer will fleißige Maler sehen,
der muß zu uns Kindern gehen,
tauchet ein, tauchet ein,
das Bild, das wird bald fertig sein.

Endlich hat der Prinz seine Prinzessin gefunden!

Prinz sucht Prinzessin

❀ eventuell zwei Kronen aus Goldpapier

Für dieses Kreisspiel sollten wir mindestens sechs Teilnehmer finden. Es
geht darum, daß ein Prinz eine Prinzessin auserwählt. Er sucht sie überall. Wo, wird durch Handbewegun-
gen gezeigt und auch im Liedtext
gesagt. Wenn nun eine Prinzessin versucht, einen Prinzen zu finden, dann
heißt es eben: *Prinzessin sucht Prinz.*
Der Text eignet sich gut, um sich
gemeinsam mit den Kindern eine
Phantasiemelodie zu überlegen. Man
sollte sich aber auf eine Melodie einigen, die man dann am besten vorher
einige Male ohne Text summt.

Ein Prinz sucht eine Prinzessin,
er sucht die ganze Zeit,
(Die Hand zum Ausspähen an die
Stirn)
er sucht sie hier,
(Alle in dieselbe Richtung spähen)
er sucht sie dort,
(Alle in die entgegengesetzte Rich-
tung spähen)
er sucht sie weit und breit.
(Überall herumspähen)
Er sucht sie in Amerika,
(Mit der Hand am Hinterkopf eine
Feder andeuten)
natürlich auch in Afrika,
(Beide Hände als ›Baströckchen‹ in
Gürtelhöhe mit den Fingern nach
unten spreizen)
er reiste bis nach China hin
(Sich mit den Fingern Schlitzaugen
machen)
und suchte die Prinzessin.

Jetzt ist für den suchenden Prinzen
der Augenblick der Entscheidung
gekommen. Hat er seine Auser-
wählte gefunden (das heißt, ein Kind
aus der Gruppe bestimmt), geht es
im Lied weiter. Prinz und Prinzessin
stolzieren derweilen Hand in Hand
innerhalb des Kreises herum.

Ein Prinz fand eine Prinzessin,
er fand sie nach langer Zeit,
er suchte hier,
er suchte dort,
er suchte weit und breit,
er suchte in Amerika,
natürlich auch in Afrika,
er reiste bis nach China hin
und fand dort die Prinzessin.

100 Wölfe

✾ Stühle

Auch hier sollten möglichst mehr als acht Kinder teilnehmen. Sie sitzen im Kreis. In dessen Mitte stehen vier Stühle mit zu den Kindern gerichteten Sitzflächen. Sie sollen unser Haus andeuten. Vier Kinder, die Hausbewohner spielen möchten, nehmen Platz und warten nun darauf, daß ›hundert Wölfe‹ (das sind natürlich die anderen Kinder) um ihr Haus schleichen. Im Lied gibt es nun eine Stelle, bei der die Vier die Stühle verlassen und sich der Gefahr aussetzen müssen, von den garstigen, schlimmen ›Wölfen‹ geschnappt zu werden. Haben die ›Wölfe‹ alle erbeutet, beginnt das Spiel von vorn.
Wir singen zur bekannten Melodie von *Zeigt her eure Füße, zeigt her eure Schuh'* folgenden Text:

Schleichen da nicht 100 Wölfe
rundherum um unser taptaptaptap Haus?
O weh, die wilden Wölfe sehen
ganz gefährlich taptaptaptap aus.

Sie suchen und suchen
und schnappen zu.
Der nächste, der nächste,
der nächste bist du.
Sie suchen und suchen
und schnappen zu.
Der nächste, der nächste,
der nächste bist
(möglichst sehr laut, weil auf dieses Signal hin alle losrennen:)
DU!

Variante: Wenn wir wollen, können wir natürlich auch 100 ›Enten‹ um unser Haus watscheln lassen – und die sehen dann eben niedlich aus und machen einen ganz anderen Lärm.

Tips für Eltern
Diese Art von Spielen gefällt kleineren Kindern besonders gut. Sie lieben daran vor allem den Wiederholungseffekt. Die Spiele machen mit einer Gruppe von Kindern am meisten Spaß.

Dschungelboogie

Die Kinder bilden einen recht engen Gang, indem sich jeweils zwei gegenüberstehen. Arme und Beine werden zu schwingenden ›Lianen‹. Ein Kind spielt freiwillig einen Tiger, der durch den Dschungel schleicht. Die Grundidee des Spiels ist, den recht flotten Rhythmus des Liedes als Orientierung für die Schnelligkeit der Bewegungen aufzunehmen. Ziel ist es zu verhindern, daß der ›Tiger‹ durch den ›Dschungel‹ (das heißt durch den Gang) hindurchkommt.
Lianen können übrigens auch streicheln, hat mir Tarzan ganz im Vertrauen gesagt . . .
Zur Melodie vom *Ententanz* kann es losgehen:

Humba humba humba heh,
humba humba humba heh,
humba humba humba heh heh heh heh heh,
humba humba humba heh,
humba humba humba heh,
humba humba humba heh heh heh heh heh.
(Jetzt startet der Tiger)

Ein kleiner Tiger will nicht viel,
er will nur durch, er will ans Ziel,
Doch das ist so einfach nicht, heh heh heh heh,
denn die Lianen sind so dicht.
(Sie tanzen)

Dschungelboogie schuppdidu,
Dschungelboogie ich und du,
Dschungelboogie schuppdidu, oh oh oh oh!
Dschungelboogie schuppdidu,
Dschungelboogie ich und du,
Dschungelboogie schuppdidu, oh oh oh oh!

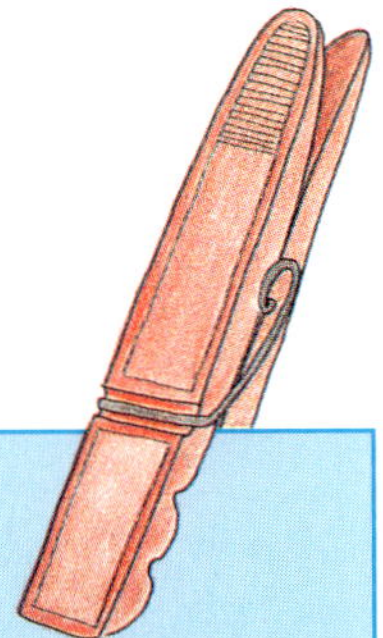

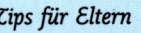

Tips für Eltern
Kleine Kinder (aber nicht nur die kleinen!) lieben den Rhythmus – weil sie die Bewegung und alles Lebhafte mögen. Deshalb sind Spiele wie das vorangegangene mit einer Kombination aus Bewegung, Melodie, Rhythmus und lustigen Liedern genau das richtige!

Grimassenschneidelied

Bei diesem Spiel sollten es mindestens vier Teilnehmer sein, dann macht das Ganze mehr Spaß. Die Kinder stehen oder gehen im Kreis und schneiden dabei die unterschiedlichsten Fratzen. Der Reihe nach wird jedes Kind angeschaut. Nun muß man erraten, was es mit seiner Grimasse darstellen will (das kann natürlich auch ein Phantasiewesen sein), und greift das im Lied auf. Oder ein Kind geht innen im Kreis an den anderen vorbei und läßt sie raten, was für eine Grimasse es schneidet. Darauf folgt *Ei der Daus . . .*.
Zur Melodie von *Dornröschen war ein schönes Kind* singen wir den Text:

Alle Kinder können's leiden,
wenn sie tolle Grimassen schneiden.
Alle Kinder im ganzen Land,
sind beim Fratzenschneiden außer Rand und
Band.

Refrain:
Ei der Daus, ei der Daus,
Annika sieht wie ein Kobold aus.
Ei der Daus, ei der Daus,
Annika sieht wie ein Kobold aus.

Wackelpudding

Wenn ich ein Wackelpudding wär' . . . – dann wär' mein Körper nicht mehr fest, sondern würde sich unkontrolliert hin und her bewegen. Die im Lied besungenen Körperbewegungen werden von den Kindern dem Rhythmus entsprechend mitgemacht. Wie das auszusehen hat, sollte nicht festgelegt werden. Im Gegenteil: Wir sollten die Kinder zu ungezwungenen Bewegungen animieren. Hauptsache, sie bleiben im Rhythmus. Zu einer Phantasiemelodie singen wir:

Wenn ich ein Wackelpudding wär',
dann wackelte ich hin und her,
ich fiel mal auf den Boden runter,
stieg zur Decke auf ganz munter.
Und rief man »Sitz beim Essen still!«,
sagte ich, weißt du es nicht,
daß ein Wackelpudding gerne wackeln will.

Refrain:
Ist das ein Ding,
ist das ein Ding,
ich bin ein Wiewawowa-
Wackelpudding.

Wenn ich ein Wackelpudding wär', . . .

Da Kinder gerne nach Herzenslust albern sind und es lieben, ausgelassen hin und her zu wackeln, können wir zusätzlich noch ein Spiel mit echtem Wackelpudding anbieten. Wer beim ersten Spiel am besten gewackelt hat, darf beim nächsten mitmachen.

Wackelpudding essen mit verbundenen Augen

- ❀ Tücher
- ❀ zwei kleine Schüsseln mit Wakkelpudding
- ❀ Teelöffel

Zwei Kinder sitzen sich auf Stühlen gegenüber. Ihnen werden die Augen verbunden. Sie bekommen je eine Schüssel mit Wackelpudding in die eine und einen Teelöffel in die andere Hand. Auf ein Zeichen hin füttern die Kinder sich gegenseitig. Wessen Schüssel zuerst leer ist, der ist Sieger.

Spiele mit alltäglichen Gegenständen

Das Motto dieses Kapitels könnte lauten: *Mit Klorollenfernrohr und Matratzen auf großer Bootsfahrt…*
Denn man muß wirklich nicht immer teures, neues Spielzeug haben, um Kinder sinnvoll zu beschäftigen. Wir brauchen uns nur in der Wohnung umzusehen, und schon werden wir allerlei finden: einfache Matratzen, Laken, Decken sowie vielleicht einen Korb mit Luftballons und Bällen – damit lassen sich die schönsten Spiele entwickeln. Sven freut sich bestimmt, wenn Oma auf die Matratzen krabbelt und ›Turmkönig‹ wird oder wenn Vater und er, beide gemeinsam unter einem Laken, die Mutter liebevoll erschrecken. Das teure Plastikspielzeug bleibt dann sicher unbeachtet im Regal stehen.

Matratzen gehören zum wichtigsten Inventar der Wohnung und des Kindergartens, denn mit und auf ihnen können kleine und auch größere Kinder ihr Bewegungs- und Spielbedürfnis ausleben. Sie eignen sich zum darauf Hüpfen, zum Höhlen- und Gängebauen, und sogar ganze Wohnungen können daraus entstehen – und natürlich bilden sie den Grundstock für viele phantasievolle Spiele. Auch Spielkissen in verschiedenen Größen eignen sich gut für Aktionen, aber Matratzen (vor allem die alten, aber besonders gut geeigneten dreigeteilten) sind meist billiger in der Beschaffung.

Kleiner Tip: Im Kaufhaus preiswerte Spannbettlaken mit Gummizug für Kinder kaufen und diese mit Stoffar-

ben bunt bemalen oder bedrucken. Anschließend die Matratzen damit beziehen – so entsteht im Zimmer eine farbenfrohe Ecke, in der die Kinder herrlich toben können. Sind die Bezüge schmutzig, werden sie einfach abgezogen und mit der Maschine gewaschen.

Turmkönig

❀ mehrere Matratzen
❀ eventuell eine selbstgebastelte Krone aus Goldpapier oder einige Süßigkeiten

Die Matratzen werden aufeinander geschichtet. Auf ein Startzeichen hin versuchen alle Kinder, die Matratzen zu erklimmen. Wer zuerst hinaufgelangt, ist ›Turmkönig‹ und bleibt zunächst dort oben sitzen. In der nächsten Runde wird er von einem anderen Turmkönig abgelöst.
Damit sich die Kinder nicht verletzen, wenn sie abrutschen, legt man weitere Matratzen rund um den ›Turm‹. Wenn wir vor Beginn des Spiels eine Krone aus Goldpapier basteln, die wir auf den Matratzenturm legen, kann der ›König‹ richtig gekrönt werden. Oder es erwartet ihn dort eine süße Überraschung.

Matratzeninsel

❀ eine Matratze

In der Mitte des Raumes liegt eine Matratze als Insel. Alle Spieler schwimmen rund um die Insel im ›Meer‹. Sie spielen Schiffbrüchige, die sich auf diese ›Insel‹ flüchten wollen. Sie machen permanent Schwimmbewegungen. Da wird ein Geräusch vernehmbar (ein Spieler kann zum Beispiel in eine Flasche pusten), das so klingt wie eine Schiffssirene. Auf dieses Signal hin springen alle auf die Matratze. Wer keinen Platz mehr bekommt, muß ausscheiden. Die Spieler, die sich auf die ›Insel‹ retten konnten, stimmen ein fröhliches Lied an.

Matratzengrenze

❀ mehrere Matratzen

Die Kinder bauen aus den teils aufrecht hingestellten Matratzen eine Art Grenze zwischen zwei ›Ländern‹. Jedes Land wird von einer Hälfte der Kinder bewohnt. Sie kauern sich jeweils so hin, daß die ›Fremden‹ sie nicht sehen können. Eine Gruppe denkt sich nun für die andere ›Grenzaufgaben‹ aus, zum Beispiel: *Ihr dürft zu uns über die Grenze kommen, wenn ihr erraten könnt, welcher Fuß beziehungsweise welche Hand zu wem gehört.*
Bei dieser Aufgabe werden dann die Hände beziehungsweise die Füße

Ob die Schiffbrüchigen wohl die rettende Insel erreichen?

Matratzenhöhle

❀ mehrere Matratzen
❀ Radio
❀ Knabbersachen
❀ ein Spiel
❀ Papier und Stifte
❀ Betränk
❀ Becher
❀ Bilderbuch
❀ Taschenlampe

Die Kinder bauen sich aus Matratzen eine Höhle, in der sie es sich so richtig gemütlich machen. Dazu nehmen sie zum Beispiel ein kleines Radio mit sowie Knabberkram, ein Spiel, Papier und Stifte, Getränke und Becher, ein Bilderbuch und eine Taschenlampe. Erwachsene haben nur mit Erlaubnis der Höhlenbewohner Zutritt.

über die Matratzen hinweggestreckt. Ebenso könnte man fragen: *Welches Haar gehört zu wem?*
Jedes ›Volk‹ denkt sich landesspezifische ›Sitten‹ und ›Bräuche‹ aus. Diese müssen die Nachbarn akzeptieren. Das ›Land‹ der ›Schlumpies‹ zum Beispiel darf von den ›Quietschies‹ nur mit einer speziellen Einladung besucht werden. Umgekehrt ist natürlich ebenfalls ein Besuch möglich. Die ›Bewohner‹ des einen ›Landes‹ können von den anderen auch verlangen, beim Überschreiten der Grenze ein bestimmtes Lied zu singen. Die Kinder auf der einen Seite der Matratze können denen auf der anderen weiters ihre ›Sprache‹ beibringen, ein besonders schönes Lied ihres ›Landes‹ vortragen oder sie zu einem typischen Getränk oder Essen einladen.

Hindernislauf zur Insel

❀ Zeitungen
❀ Bierdeckel
❀ Kissen
❀ Toilettenpapierrollen
❀ eventuell ein Tuch zum Verbinden der Augen

Im Raum liegt eine Matratze, die die Insel darstellt. Von einer Startlinie aus versuchen die Kinder nun, so schnell wie möglich zur Insel zu gelangen. Dabei müssen sie zahlreiche Hindernisse überschreiten oder -springen, möglichst ohne sie zu berühren. Als Hindernisse benutzt man die genannten Gegenstände. Vielleicht tasten sich die Kinder auch mit verbundenen Augen zur Insel vor.

Auf den Tisch des Hauses

❀ Tisch
❀ diejenigen Gegenstände aus dem Haushalt, die von den Kindern während des Spiels bestimmt werden

An diesem Spiel sollten mindestens vier Kinder teilnehmen. Sie werden in zwei Mannschaften aufgeteilt. Zwei Kinder aus verschiedenen Gruppen treten gegeneinander an. Sie bekommen dieselbe Aufgabe gestellt: Sie sollen den Gegenstand, der von den anderen Kindern genannt wird, herbeiholen und auf den ›Tisch des Hauses‹ legen. Zum Beispiel: *Auf den »Tisch des Hauses« kommt ein Zahnputzbecher.* Oder: *Auf den »Tisch des Hauses« kommt Herrn Müllers linker Schuh* (Das ist vielleicht der Hausmeister von nebenan, der Spaß versteht!). Wer zuerst den Gegenstand herbeibringt, bekommt für seine Mannschaft einen Punkt. Wer zum Schluß die meisten hat, gewinnt. Die Dinge, die geholt werden, sollten möglichst in der näheren Umgebung aufzufinden sein. Spielen Erwachsene mit, können wir die Suche aber auch schwieriger gestalten und durchaus auch mal die freundlichen Nachbarn miteinbeziehen.

Schuhsalat

❀ viele Schuhpaare, möglichst
Hausschuhe
❀ Tücher

Die Kinder sitzen im Kreis oder am
Tisch. Jedes legt einen Schuh, den es
vorher genau betastet hat, in die
Mitte. Nun sollen alle nacheinander
mit verbundenen Augen ihren Schuh
aus dem ›Schuhsalat‹ herausfinden.
Natürlich können als Spielvariante
auch die Paare zusammengesucht
werden.
Nachdem wir erfolgreich Schuhe
ertastet haben, können wir uns auch
an irgendwelche anderen Gegenstände heranwagen:

❀ neun große Pappquadrate in verschiedenen Farben
❀ verschiedene Haushaltsgegenstände

Wir benutzen die neun gleich großen
Quadrate als Spielplan, indem wir sie
– für alle gut sichtbar – in die Mitte
legen. Bei einer größeren Gruppe sollten es zwei Spielpläne sein. In jedes
Quadrat legen wir jetzt gemeinsam
einen anderen Gegenstand. Dann
bekommt jedes Kind eine Plastiktüte
mit ebenfalls verschiedenen Gegenständen. Davon muß mindestens
einer mit einem der Teile auf der
Unterlage übereinstimmen. Und
natürlich sollten alle Gegenstände
auf den Quadraten in irgendeiner
Tüte nochmals auftauchen. Wir einigen uns nun auf ein Ding, das
gesucht werden soll. Die Kinder
befühlen den Inhalt ihrer Tüte. Finden
sie den Gegenstand, wird er auf das
Quadrat gelegt. Weiter geht es mit
den übrigen Quadraten.

Da wir jetzt schon sehr viel Übung im
Ertasten von Gegenständen haben,
spielen wir noch ein Tastspiel:

Zauberschachtel

* Schachtel oder Schuhkarton
* Schere
* verschiedene kleine bis mittel-
  große Gegenstände

Eine Schachtel oder ein Schuhkarton
wird an den Schmalseiten mit je
einem so großen Loch versehen, daß
Kinderhände hindurchpassen. In den
Karton legen wir einen Gegenstand,
der den Kindern vertraut sein sollte.
Wurde er ertastet und erkannt, wechseln wir ihn für das nächste Kind
gegen einen anderen aus.

Tastmemory

* verschiedene Materialien, die
  sich unterschiedlich anfühlen
  (zum Beispiel Sandpapier, Samt,
  Seide, Holz, Schaumstoff, Teil
  eines Topfreinigers aus Kunst-
  stoff- oder Metallfasern)
* feste Pappe
* Schere
* Alleskleber
* Tücher

Von allen Materialien befestigen wir
jeweils zwei Teilstücke auf Pappqua-
draten von 10 x 10 cm Größe. Dann
verteilen wir die Quadrate auf dem
Tisch. Jeder streicht mit verbundenen Augen mit den Fingern und Handflächen über die Quadrate. Wer die
meisten Paare ertastet hat, ist Sieger.

Mit **Luftballons** können kleine Kinder
sehr gut spielen: Die Ballons sind
leicht zu bewegen, bunt und vielsei-
tig verwendbar. Sie haben nur einen
Nachteil: Sie gehen schnell kaputt,
und das mit einem lauten Knall. Davor
haben einige Kinder Angst. Diese
Angst sollten wir ernst nehmen,
behutsam mit den Kindern umgehen
und sie langsam an den Umgang mit
den Ballons gewöhnen, um ihnen so
allmählich die Angst zu nehmen.
Aus Luftballons lassen sich sehr
schnell bunte Tiere und Figuren zau-
bern. Wir bemalen die Ballons einfach mit Augen, Mund und Nase und
kleben ihnen Papier- oder Pappohren
mit Kreppklebeband an. Zu einer lustigen Musik können wir die bunten
Gebilde in der Luft bewegen.
Wenn sich die Kinder erst einmal mit
den Ballons vertraut gemacht haben,
gibt es oft kein Halten mehr, und wir
können mit unserem ersten Spiel
beginnen.

Wer hat den roten Luftballon?

* mehrere Luftballons, davon aber
  nur ein roter
* Radio oder Plattenspieler

Jedes Kind hat einen Luftballon, den
es zur Musik in der Luft bewegt.
Wenn die Musik stoppt, werden die
Ballons untereinander getauscht.
Setzt sie erneut ein, spielen die Kinder mit ihrem neuen Luftballon.
Tausch und erneutes Spiel folgen
noch ein paarmal, bis die Musik wieder stoppt und der Spielleiter diesmal ruft: *Wer hat den roten Luftballon?*
Der Betreffende muß sich daraufhin
setzen. In der nächsten Runde spielt
er aber wieder mit. Vor jeder Runde
wird nun irgendein Ballon, nur nicht
der rote, aus dem Spiel genommen,
so daß es immer weniger werden.
Wem es in der letzten Runde gelingt,
sich den ›einsamen‹ roten Ballon zu
›erspielen‹, der hat gewonnen.

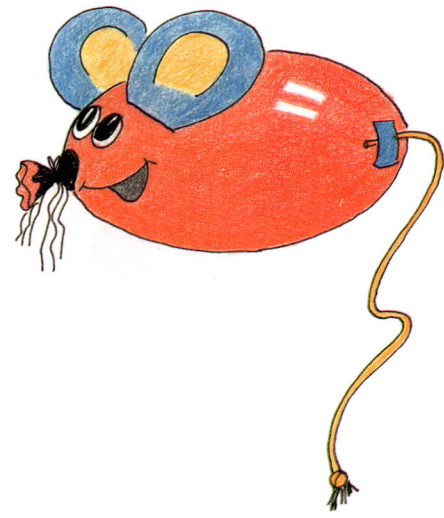

Mit bunten Luftballons lassen sich die herrlichsten Spiele entwickeln

Luftballontanz

❀ Luftballons
❀ Radio oder Plattenspieler

Jeweils zwei Kinder haben einen Luft-ballon. Sie halten ihn zwischen ihren Köpfen. Die Hände bleiben dabei auf dem Rücken. Die Kinder bewegen sich nun zur Musik hin und her. Dabei darf der Ballon natürlich nicht hinun-terfallen. Passiert dies doch, müssen die jeweiligen Kinder aus dem Spiel ausscheiden.
Wollen wir das Spiel etwas abwan-deln, können die Teilnehmer sich den Ballon auch zwischen die Bäuche klemmen.

Beim nächsten Spiel geht es etwas ›knalliger‹ zu. Es sollten möglichst nur Kinder teilnehmen, die keine Angst vor dem Zerplatzen der Luftbal-lons haben.

Knallkopf

❀ Luftballons, davon einige jeweils in derselben Farbe

Es sind so viele Ballons im Spiel wie Kinder. Wir laufen im Raum umher und werfen uns gegenseitig die Bal-lons zu. Dabei geht es recht laut und wild zu. Plötzlich ruft der Spielleiter zum Beispiel *Knallkopf drei*. Daraufhin müssen sich drei Kinder mit gleich-farbigen Luftballons zu einer Gruppe zusammenfinden. Ruft er *Knallkopf fünf*, dann kommen jeweils fünf Kin-der zusammen und so weiter. Alle Kin-der, die übrigbleiben, scheiden leider aus.

Nach diesem anstrengenden Spiel kommt ein ruhigeres Spiel.

Luftballonstaffette

❀ Luftballons
❀ Stühle

An diesem Spiel sollten sich so viele Kinder beteiligen, daß zwei Gruppen gebildet werden können. Jedes Kind bekommt einen Luftballon, den es aufbläst und verknotet. Wir bilden zwei Stuhlreihen. Die Spieler einer Mannschaft sitzen hintereinander. Vor jeder Reihe steht ein leerer Stuhl. Auf ein Zeichen des Spielleiters hin gehen die beiden vorn sitzenden Kinder auf die leeren Stühle zu, legen ihre Ballons auf die Sitzflächen und lassen sich so oft auf die Ballons plumpsen, bis diese platzen. Falls sie fortwährend wegrutschen, kann man sie mit den Händen festhalten. Währenddessen rücken die Kinder um einen Platz nach vorn. Sofort wenn ein Knall ertönt, setzt sich der nächste Mitspieler aus der entsprechenden Reihe mit seinem Luftballon auf den Stuhl. Natürlich werden die ›Knaller‹ tüchtig angefeuert! Es gewinnt die Mannschaft, deren Luftballons zuerst kaputt sind.

Bei dem folgenden Spiel geht es wieder etwas ruhiger zu:

Hasen hopsen

❀ Luftballons
❀ Radio oder Plattenspieler

Die Musik läuft. Der Spielleiter macht eine Ansage, zum Beispiel: *Nun halten wir den Luftballon zwischen den Beinen und hopsen wie die Hasen.* Er läßt die Musik noch eine Weile weiterlaufen. Dann stoppt er sie und sagt diesmal beispielsweise: *Nun halten wir den Luftballon am verknoteten Ende mit dem Mund fest – und laufen rückwärts durch die Gegend.* Es gibt vieles, was die Kinder mit den Luftballons tun können: hüpfen, laufen, springen, werfen... Wichtig dabei ist eine Musik, die die Kinder gerne hören und die motivierend wirkt.

Tip: Es gibt spezielle Musikstücke für Kinder, die beispielsweise einen Tierzirkus musikalisch nachempfinden, oder auch Platten mit verschiedenen Tierstimmen. Wenn wir sie den Kindern vorspielen, können sie dazu die Bewegungen der Tiere imitieren. Mit den Luftballons ist das besonders lustig!

Luftballonschlange

❀ Luftballons
❀ Schnur

Wir binden in Abständen mehrere Luftballons an eine Schnur und erhalten so eine lange Schlange. Ein Kind zieht sie hinter sich her, während die anderen versuchen, sie kaputtzumachen. Wenn wir zwei Gruppen bilden, wird es noch spannender. Jeder darf einmal ›Schlangenkopf‹ sein und die Luftballons ziehen. Die übrigen Teilnehmer spielen Retter und schützen die Schlange vor den Jägern. Zu Beginn des Spieles werden die Rollen verteilt: Jäger, Schlangenkopf, Schlangenretter.

Für die folgenden Spiele brauchen wir eine einfache große Plastikfolie; wie zum Beispiel eine Abdeckfolie für Malerarbeiten.
In Verbindung mit Luftballons lassen sich so reizvolle Spiele entwickeln.

Manchmal ist es gar nicht so leicht, die Ballons hochzuwerfen und wieder aufzufangen

Das nächste Spiel können wir statt mit Folie auch mit einem richtigen Fallschirm durchführen, aber den haben sicher nur die wenigsten zur Hand.

Fliegende Luftballons

❀ Luftballons
❀ Folie

Die aufgeblasenen Ballons liegen auf der Folie, die die Kinder gut festhalten. Gemeinsam bewegen wir die Folie vorsichtig auf und ab und steigern dabei langsam das Tempo. Die Luftballons sollten so hoch wie möglich fliegen. Die Kinder lernen bei diesem Spiel, ihre Bewegungen mit denen der anderen zu koordinieren und sich mit dem Tempo aufeinander einzustellen.

Luftballonbett

❀ Folie
❀ Luftballons

Wir blasen sehr viele Luftballons auf, verknoten sie und legen sie so dicht aneinander wie möglich unter die Folie. Dabei müssen wir aufpassen, daß die Ballons am Rand nicht wegrutschen. Nun können sich die Kinder einzeln vorsichtig daraufleg en. Ein herrliches Gefühl! Außerdem ist es eine tolle Erfahrung festzustellen, daß die Ballons nicht platzen – oder nur ganz selten!

Luftballonpusten

❀ Luftballons in unterschiedlichen Farben
❀ Schnur

Mit der Schnur legen wir eine Ziellinie. Einige Meter davon entfernt hocken sich die Kinder nebeneinander hin. Jeder Teilnehmer erhält einen Luftballon, den er nun auf ein Startzeichen hin vor sich herpustet. Wessen Ballon zuerst die Ziellinie erreicht, hat gewonnen.

Hallo, Herr Kommissar

❀ verschiedene Kleidungsstücke
(Hut, Hausschuhe, T-Shirt, etc.)
❀ Dose oder Karton

Das Kind, das den Kommissar spielen möchte, geht hinaus. Inzwischen nimmt ein anderes ein Kleidungsstück an sich, etwa den Hut oder die Hausschuhe. Der ›Kommissar‹ kommt wieder herein und geht auf Spurensuche. Dabei hält er den Karton oder die Dose in der Hand, denn das ist seine Diebsuchmaschine. Die anderen Kinder singen dazu:

Hallooo, Herr Kommissar,
suchen Sie heute einen Räuber?
Ist das wahr?

Hallooo, Herr Detektiv,
haben Sie schon eine Spur?
Oder ging was schief?

Gibt es einen Verdacht?
Wer hat es gemacht?
Nur genau hingeschaut!
Wer hat hier geklaut?
Macht die Suchmaschine »piep«,
dann haben wir den Dieb!

Hallooo, Herr Kommissar,
suchen Sie heute einen Räuber?
Ist das wahr?
(Und so weiter)

Wenn der Kommissar glaubt, den Dieb gefunden zu haben, macht die Suchmaschine (ach was, natürlich der ›Kommissar‹!) piep.

Sehr schön kann man auch mit **Bettlaken** und **Decken** spielen, wie die folgenden Ideen zeigen werden. Zur Einstimmung singen wir ein Lied und geistern dazu, mit Laken verkleidet, als Gespenster, Monster oder Feen durch den Raum.

Ich hab' heut Nacht ein Gespenst gesehn,
es war so um zwölf Uhr,
es war so um zwölf Uhr,
(Die Wiederholungen stets etwas leiser singen)
das konnte fliegen und brauchte nicht gehn,
es huschte übern Flur,
es huschte übern Flur.

Die Ketten klirrten schauerlich,
es knarrte das Skelett.
Wo nur, wo versteck' ich mich?
Ich schlüpfe unters Bett.

Refrain:
Und dann streck' ich dem Gespenst die Zunge raus,
und dann geht das Gespenst bestimmt nach Haus,
Und dann streck' ich dem Gespenst die Zunge raus,
und dann geht das Gespenst bestimmt hinaus.
Und eins-zwei-drei, eh man sich versieht,
Ist es das Gespenst, das flieht.

Ich hab' heut Nacht ein Monster gesehn,
es schimmerte ganz blau,
es schimmerte ganz blau,
es fuchtelte wie wild und stampfte mit den Zeh'n,
das hörte ich genau,
das hörte ich genau.

Die Augen leuchteten ganz grell,
es grunzte und war dick und fett.
Wo versteck' ich mich ganz schnell?
Ich schlüpfe unters Bett.

Refrain:
Und dann streck' ich dem Monster die Zunge raus . . .

Natürlich können wir auch etwas weniger Gruseliges besingen, zum Beispiel eine Fee:

Ich hab' heut Nacht eine Fee gesehn,
ganz leise war sie da,
ganz leise war sie da,
sie lächelte mich an und war so wunderschön,
sie war bei mir ganz nah,
sie war bei mir ganz nah.

Sie strahlte wie der Sonnenschein
und ungeheuer nett,
und ich fühlte mich nicht allein
in meinem Himmelbett,
in meinem Himmelbett.

Mit Laken und Decken kann man aber nicht nur Gespenst, Monster und Fee spielen, sondern damit auch Höhlen bauen, Luftballons hin und her bewegen. Besonders schön ist es auch, Bälle und kleine Kissen in einer Reihe auf ein Laken zu legen, sie einzurollen und das Ganze mit Schnur in einzelne Abschnitte zu unterteilen. Schon haben wir die tollste Schlange. Nur Augen und Mund fehlen noch.
Sicher fallen uns noch eine Menge anderer Dinge ein . . .

Ob es der zweiten Mannschaft gelingt, den Farbwürfel aufzufangen?

Wir spielen mit zwei Bettlaken, die jeweils von der gleichen Anzahl Kinder am Rand festgehalten werden. Nun geht es darum, die obengenannten Gegenstände durch geschicktes Auf- und Abbewegen der Laken vom einen zum anderen zu befördern. Das klappt am besten, wenn die Kinder sich mit den Laken nebeneinanderstellen. Und natürlich müssen sie auch hier wieder ihre Bewegungen aufeinander abstimmen.

Die Möglichkeiten, mit Decken und Laken Höhlen zu bauen, sind vielfältig. Aber oft gibt es Tränen, weil sie nicht stabil genug sind und wieder zusammenstürzen. Wenn wir uns aber etwas mehr Mühe geben, können wir eine einsturzsichere Höhle bauen.

Villa Kunterbunt

* ❀ einige alten Laken
* ❀ Schere
* ❀ eventuell eine Nähmaschine
* ❀ quadratischer oder rechteckiger Tisch
* ❀ Stoffreste
* ❀ Sicherheitsnadeln
* ❀ Bänder
* ❀ Stoffmalfarben

Sprungtuch

* ❀ zwei Bettlaken
* ❀ leichte Dinge wie Kissen, Bälle, Luftballons oder Kuscheltiere

Aus Bettlaken nähen wir einen Überwurf, den wir über den Tisch ziehen können. Die Laken werden entsprechend der Tischoberfläche und den Seiten maßgerecht zugeschnitten und zusammengenäht. Damit etwas Licht in die Höhle fallen kann, schneiden wir einige Fenster hinein. Wenn wir Lust haben, können wir dafür noch kleine Gardinen nähen. Gemütlicher wird es so auf jeden Fall. Macht uns das Annähen der Gardinen zu viel Mühe, befestigen wir sie einfach mit Sicherheitsnadeln. Nun fehlt noch

In der ›Villa Kunterbunt‹, die wir aus alten Laken und einem Tisch ›gebaut‹ haben, läßt es sich gut leben

Ballkarton

❀ Kiste oder Karton mit Bällen

In einer Kiste oder einem Karton liegen viele bunte Bälle. Wir werfen sie in alle möglichen Richtungen und motivieren die Kinder, die Bälle zurückzubringen. Wer hat die meisten aufgesammelt?

In den Eimer zielen

❀ Bälle
❀ zwei Eimer oder andere Behälter
❀ Band oder Kreide

Wir stellen zwei Eimer oder andere große Behälter auf. Von einer Grundlinie aus, die wir mit Kreide oder einem Band markieren, versuchen wir, die Bälle in die Eimer zu werfen. Wer trifft am besten?

eine Tür. Wir schneiden dazu das Laken senkrecht so ein, daß man die spätere Tür hochrollen kann. Wenn wir von innen oberhalb der Tür zweimal jeweils zwei Bänder anbringen, kann man die hochgerollte Tür befestigen. Oder wir schneiden die Laken so ein, daß eine normale Tür entsteht. Damit wie sie wieder verschließen können, müssen wir an der oberen Ecke sowohl der Tür als auch der Hauswand ein Band anbringen und vielleicht noch einmal zwei in Höhe des Türgriffs. Jetzt nur noch hübsch mit Stoffarbe bemalt, und schon ist unsere ›Villa Kunterbunt‹ fertig. Wollen wir nun vielleicht gerade eine Schlange ums Haus schleichen lassen? Wenn wir noch Lakenteile übrig haben, dann nähen wir sie einfach zu einem Schlauch zusammen und bemalen sie bunt.

Und auch mit **Bällen** lassen sich die herrlichsten Spiele erfinden ...

Was fällt uns zur Sonne ein?

❀ gelber Ball

Wir sitzen im Kreis. Ein Kind nimmt den Ball und ruft: *Wem fällt etwas zu »Sonne« ein?* Jemand antwortet zum Beispiel: *Sonnenmilch!* und bekommt sofort den Ball zugeworfen, der nächste, dem etwas einfällt, ebenfalls, und so weiter. Der Ball wird so lange hin- und hergeworfen, bis wir nichts mehr wissen. Dann kommt die nächste Frage, zum Beispiel: *Wem fällt etwas zu »Eis« ein?* Viele Begriffe sind möglich: Wasser, Kinder, Schwein . . .

Patschball

❀ Ball
❀ Papierkorb oder Eimer

Die Kinder sitzen im Kreis. In der Mitte steht ein Papierkorb oder ein Eimer. Ein Teilnehmer wirft einen Ball hinein und nennt den Namen eines anderen Kindes. Dieses holt sich schnell den Ball und zielt mit ihm auf den Werfer. Trifft es, darf es selbst den Ball in den Korb werfen.

Zip-Zap

❀ Ball
❀ Stühle

Wir sitzen auf Stühlen im Kreis. Bei diesem Spiel muß jeder den Namen seines rechten und linken Nachbarn wissen. Bevor es also losgeht, fragen wir in einer Proberunde die Namen ab. In der Mitte steht ein Kind mit einem Ball. Es wirft ihn zu einem anderen Kind. Ruft es dabei *Zip*, muß das Kind, das den Ball gefangen hat, den Namen seines linken Nachbarn sagen. Heißt es beim Zuwerfen *Zap*, so muß der Name des rechten Nachbarn genannt werden. Wer dabei einen Fehler macht, löst das Kind in der Mitte ab. Hat der Werfer keine Lust mehr, prellt er den Ball auf den Boden und sagt *Zip-Zap*. Sofort müssen dann alle die Plätze wechseln, und er sucht sich schnell einen Stuhl. Da ja in der Mitte kein Stuhl steht, bleibt immer ein Kind übrig. Dieses bekommt den Ball, und die nächste Runde beginnt.

Spiele mit Wasser

In diesem Kapitel gibt's viel Spaß für Wassergeister und Badenixen.

Wasser ist ein Element, das Kinder begeistert. Man setze ein quengeliges Kind in eine volle Badewanne, gebe ein paar leere Shampooflaschen, Plastikbecher, Waschlappen, Schwämme und sonstige Utensilien dazu – und wir haben erst einmal Ruhe, während im Bad der Kapitän auf hoher See vergnügt in den Fluten plätschert. (Dies klingt fast wie ein Kochrezept – nicht ohne Grund, denn es gelingt garantiert!)

Ob in der Wanne, mit dem Wasserschlauch, im Regen oder beim Wasserspucken – die Kleinen lieben das nasse Element! Nur ganz sture und humorlose Eltern und Erzieher lassen Kinder ›auf dem Trocknen sitzen‹ und reagieren mit einem vorwurfsvollen ›Bist du schon wieder naß geworden?!‹ Denn wie schnell trocknet eine naßgewordene Hose wieder! Allerdings sollten wir die Spiele nur dort stattfinden lassen, wo uns ein nasser Fußboden nicht stört. Oder wir spielen gleich draußen.

Wassertransport in der Schubkarre

* Eimer
* ein Plastikbecher je Mannschaft
* eventuell eine Wasserpistole
* Uhr
* Zollstock

An diesem Spiel sollten mindestens sechs Kinder teilnehmen. Wir bilden Mannschaften mit je drei Spielern. An der Startlinie steht für jede Gruppe ein Eimer mit Wasser, an der etwa 3 bis 5 m entfernten Ziellinie ein leerer Eimer. Je nach Alter der Kinder wird der Abstand vergrößert oder verringert. Zwei Kinder einer Mannschaft bilden eine Schubkarre: Das erste stützt sich auf die Hände, das zweite umfaßt die Oberschenkel des ersten und hebt es noch. Das dritte Kind der Mannschaft füllt einen Becher mit Wasser und stellt diesen auf die ›Schubkarre‹. Nach dem Startzeichen – das kann zum Beispiel ein Schuß mit der Wasserpistole sein – muß der volle Becher auf der ›Schubkarre‹ (also auf dem Rücken des einen Kindes) zum leeren Eimer transportiert werden. Wenn die Hände der ›Schubkarre‹ die Ziellinie überquert haben, darf der dritte Spieler das Wasser in den leeren Eimer schütten. Die gesamte Mannschaft läuft zur Startlinie zurück. Wir können vorher eine bestimmte Zeit festlegen, in der

das Wasser zum leeren Eimer gebracht werden soll. Mit dem Zollstock kann man messen, welche Mannschaft das meiste Wasser transportiert hat. Diese hat natürlich gewonnen. Und als Preis gibt's vielleicht eine Quietscheente oder einen Nachmittag im Schwimmbad.

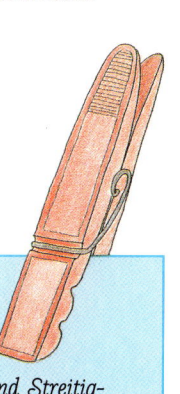

Hier gilt es, einen großen Schluck zu nehmen und das Wasser anschließend in den gelben Eimer zu spucken

Auch beim nächsten Spiel wird es feucht. Es geht ebenfalls um einen Wassertransport, aber auf andere Art. Diesmal nehmen wir das Wasser dazu in den Mund.

Wasserspucken

- ❀ je Mannschaft zwei Eimer, eine Schöpfkelle und ein Papp- oder Plastikbecher
- ❀ Zollstock

Die Kinder werden in Gruppen aufgeteilt. An der Startlinie stehen Becher, Eimer mit Wasser und Schöpfkellen, an der Ziellinie leere Eimer. Auf ein Startzeichen hin füllen die ersten der Mannschaften die Becher mit Wasser. Dann nehmen sie davon, soviel sie können, in den Mund, rennen mit vollen Backen zu den Eimern an der Ziellinie und spucken das Wasser hinein. Sobald sie zurückgelaufen sind, schlagen sie das nächste Kind an, das dann ebenfalls einen kräftigen Schluck nimmt. Die Gruppe, die sich zuerst ›ausgespuckt hat‹, sagt *Stop*. Daraufhin wird der Inhalt der Eimer an der Startlinie mit dem Zollstock gemessen.

Korkenfischen

- ❀ Wanne oder große Schüssel
- ❀ Uhr
- ❀ viele Korken
- ❀ je Mitspieler ein Eimer, eine Schüssel oder ein anderer Behälter

Die Wanne wird fast bis oben hin mit Wasser gefüllt und die Korken hineingetan. Zwei Kinder knien, mit den Händen auf dem Rücken, davor. Innerhalb einer vorher festgesetzten Zeit von vielleicht 2 oder 3 Minuten müssen sie versuchen, mit dem Mund möglichst viele Korken herauszufischen und in einen bereitgestellten Eimer oder eine Schüssel zu werfen.
Aus hygienischen Gründen sollte die Wanne vor jedem Durchgang mit frischem Wasser gefüllt werden.

Wasserball

❀ Tisch
❀ Plastikdecke
❀ leere Flaschen ohne Verschluß
❀ Tischtennisbälle
❀ leere Geschirrspülmittelflaschen

Auf einen Tisch legen wir eine Plastikdecke. Darauf werden mindestens zwei Flaschen gestellt. Auf jede Flaschenöffnung kommt ein Tischtennisball. Die leeren Spülmittelflaschen füllen wir mit Wasser. Mindestens zwei Kinder versuchen nun, indem sie auf die Spülmittelflaschen drükken, mit dem Wasserstrahl den Tischtennisball vom Flaschenhals zu schießen. Wenn der Ball herunterfällt oder die Plastikflasche leer ist, kommen die nächsten Kinder an die Reihe.

Ein toller Wasserspaß ist das folgende Spiel:

Wasserbombenzielwerfen

❀ Luftballons
❀ dünnes, langes Brett
❀ Nägel
❀ Hammer
❀ Eimer
❀ eventuell ein aufblasbares Schwimmbecken

Dieses Spiel veranstalten wir draußen an einem heißen Sommertag. Unsere Wasserbomben sind natürlich keine echten Bomben, sondern Luftballons, die wir am Wasserhahn gefüllt und dann zugeknotet haben. Durch ein dünnes Brett schlagen wir mehrere Nägel. Sie müssen auf der anderen Seite herausgucken. Für das Wasserbombenwerfen müssen wir uns einen großen Vorrat an ›Bomben‹ in einem oder auch in mehreren Eimern anlegen. Das reicht dann, um einen oder auch zwei Mitspieler mit einer feuchten Erfrischung zu erfreuen. Dazu setzen sich ein oder zwei Kinder zum Beispiel in ein aufblasbares kleines Schwimmbecken. Zwei Spieler stehen links und rechts vom Beckenrand und halten die Holzlatte. Ist kein Schwimmbecken vorhanden, so setzen sich einfach einige Freiwillige unter die Latte auf den Boden.

Auf ein Startzeichen hin zielen die Mitspieler mit ihren Wasserbomben auf das Brett. Treffen sie, dann rieselt

kaltes Wasser auf die ›Opfer‹. Besonders lustig ist es, wenn die unerschrockenen, aber doch mitunter quietschenden ›Opfer‹ Klamotten anhaben, die nachher zur Gaudi aller pitschenaß sind.

Wir können natürlich auch ein ›spritziges‹ Wettspiel veranstalten: Dann müssen wir zwei Gruppen bilden und brauchen zwei Bretter mit Nägeln und zwei Freiwillige, die sich darunter setzen. Die Mannschaft, deren freiwilliger Mitspieler zuerst durch das Beschießen mit Wasserbomben naß wird, gewinnt.

Wir könnten das Spiel natürlich auch prima mit der ganzen Familie spielen: Tante Herma und Onkel Fritz sitzen im Schwimmbecken unter dem Holzbrett. Oma Else und Opa Theo zielen mit Wasserbomben. Aber ob die dabei mitmachen?!

Auch beim nächsten Spiel geht es lustig zu!

Regen fangen

✿ Eimer
✿ Becher oder andere Behälter
✿ Regenbekleidung oder große blaue Müllsäcke und Badekappen
✿ Regenschirm

Die Kinder gehen mit Eimern und Bechern hinaus in den Regen. Sie fangen so viele Regentropfen wie nur möglich. Wer zuerst den Eimer oder ein anderes Gefäß bis zu einer festgelegten Linie gefüllt hat, gewinnt. Regenbekleidung und Regenschirm oder – noch lustiger – blaue Müllbeutel mit Einschnitten für Kopf und Arme und Badekappen sind bei diesem Spiel vonnöten.
Der Gewinner dieses Spiels bekommt ein Eis mit Regenschirmchen darauf, falls wir das organisieren können.
Es bringt auch viel Spaß, bei Regen mit der ganzen Familie in Badebekleidung auf die Straße zu gehen. Natürlich darf es nicht zu kalt sein. Wenn der Nachbar ganz erstaunt fragt: *Was machen Sie denn da?*, dann antworten wir einfach: *Wir sammeln Regentropfen!* Da wird er sicher ganz schön dumm gucken!

Wasser schöpfen

✿ Becher
✿ größere Behälter
✿ Badekappen

Wir bilden zwei Gruppen und bestimmen eine Start- und eine Ziellinie. Auf der Ziellinie steht pro Mannschaft ein mit Wasser gefüllter großer Behälter. Die ersten Spieler jeder Mannschaft haben je eine Badekappe. Nach dem Startzeichen rennen sie damit los, schöpfen Wasser aus dem Behälter, setzen sich die volle Kappe auf und laufen so zu ihrer Gruppe zurück. Haben sie sie erreicht, so übergeben sie dem nächsten Kind die Badekappe. Sieger ist die Gruppe, die zuerst ihren Wasserbehälter geleert hat.

Kerzenlichter ausschießen

✿ Kerzen
✿ Wasserpistolen
✿ Streichhölzer oder Feuerzeug

Die Kinder sitzen in einer Gruppe zusammen. In einer Entfernung von etwa 1 bis 2 m – je nach Alter der Kinder auch mehr – stehen einige brennende Kerzen. Auf ein Startzeichen hin versuchen die Spieler, die Flammen der Kerzen mit ihrer Wasserpistole auszuschießen. Wer die meisten gelöscht hat, ist Sieger.

Richtig ›spritzig‹ sind auch Spiele mit dem Wasserschlauch:

Hexe Wackelzahn und die Wassergeister

❀ Wasserschlauch
❀ Kleidungsstücke, um sich als Hexe zu verkleiden (Kopftuch, Schlabberrock, alte Bluse etc.)
❀ schwarzer, ungiftiger Stift zum Anmalen eines Zahns
❀ Regenbekleidung, Badebekleidung oder blaue Müllsäcke

Die Kinder verteilen sich draußen, möglichst in Bade- oder Regenbekleidung oder mit den Müllsäcken geschützt. Sie spielen die Wassergeister und warten auf die ›Hexe‹. Plötzlich hören sie ein lautes Getöse. Die ›Hexe‹ ist im Anmarsch! Sie will die ›Wassergeister‹ mit dem Wasserschlauch verjagen. Natürlich ist das Gekreische laut. Alle ›Wassergeister‹, die von Wasser getroffen werden, müssen aus dem Spiel ausscheiden. Die ›Hexe‹ kann auch die ›Wassergeister‹ über den Wasserstrahl springen lassen. Oder sie müssen unter dem Strahl hindurchlaufen. Über die vielen verschiedenen Möglichkeiten können die Kinder vor Spielbeginn beraten.

Regenschirmwettrennen im Schwimmbad

❀ Regenschirme

Wir gehen ins Schwimmbad und fragen den Bademeister, ob wir ausnahmsweise einmal für 20 Minuten Regenschirme mit ins Becken nehmen dürfen. *Warum?* wird er fragen. *Damit wir nicht so naß werden!* antworten wir. Das war natürlich eine ›Quatschantwort‹. Die richtige muß lauten: *Für ein Spiel!* Hat er es uns erlaubt, dann bilden wir zwei Mannschaften. Nach dem Startzeichen bewegen sich die ersten Spieler jeder Gruppe mit dem Regenschirm in der Hand durchs Wasser bis zum Ende des Beckens und zurück.

Sind sie wieder am Start angekommen, setzen sich die nächsten in Bewegung. Das Spiel ist beendet, wenn alle einmal mit dem Regenschirm in der Hand hin- und hergelaufen sind. Gewonnen hat die Mannschaft, deren Spieler dabei am schnellsten waren.

Und nun noch ein Wasserspiel für die Badewanne:

Die Wanne ist voll

❀ verschiedene Gefäße zum Was-
serschöpfen (leere Shampooflaschen, Joghurtbecher etc.)
❀ zwei Eimer

Bei diesem Spiel gibt's ausnahmsweise einmal nur zwei Teilnehmer –
weil ja kaum mehr in einer Wanne
Platz finden. Ein Erwachsener und ein
Kind oder auch zwei Kinder sitzen in
der Badewanne und plantschen
lustig vor sich hin. Neben der Wanne
stehen zwei leere Eimer. Auf ein Zeichen hin schöpfen die Badenixen mit
ihren Gefäßen Wasser aus der
Wanne in ihren Eimer. Dabei singen
sie zur Melodie des bekannten Liedes
*An der Nordseeküste, am plattdeutschen
Strand* folgenden Text:

In der Badewanne,
im schäumenden Naß,
sind wir lustig am Spritzen,
das macht uns viel Spaß!

Wir füllen die Eimer
mit Wasser ganz voll –
und es ist nur ein Spiel,
aber wir finden's toll!

Zum Schluß ist die Wanne dann
natürlich nicht mehr voll . . .

Hoffentlich geht das Schiff nicht unter!

Sinkendes Schiff

❀ große Schüssel
❀ Plastikschälchen
❀ Gefäß mit Tülle

In die große, etwa bis zur Hälfte mit
Wasser gefüllte Schüssel wird das
Schälchen als Schiff gesetzt. Ein
Kind gießt nun aus dem danebenste-
henden Gefäß eine kleine Menge
Wasser vorsichtig in das Schälchen.
Reihum füllt dann jedes Kind etwas
Wasser nach. Das ›Schiff‹ darf aber
dabei nicht untergehen. Das muß
man den Kindern vorher sagen. Alle
beobachten gespannt, wie lange es
gelingt, das Sinken des ›Schiffes‹ zu
verhindern.

Abenteuer im Wasser

❀ Taucherbrille
❀ Taucherflossen
❀ Plastikfisch und -boot
❀ Badebekleidung
❀ Handtuch
❀ Hammer
❀ vergoldete Steine
❀ Anker aus Pappe
❀ (Spielzeug-)Geld

Jeder nimmt sich einen Gegenstand.
Dann erzählen wir eine Geschichte,
in der diese Dinge vorkommen. Fällt
das Stichwort, so steht der entsprechende Spieler auf und zeigt seinen
Gegenstand vor. Hier als Beispiel die
Geschichte vom *Schatz im Meer:*

Es war einmal ein Junge, der hieß Piefke. Eines Tages träumte er von einer tollen Bootsfahrt auf dem Mittelmeer.
Im Traum fuhr er mit seinem Boot ganz weit hinaus. In einem Hafen machte er halt. Dort erzählten die Menschen ihm Geschichten von einer versunkenen Stadt. Diese Stadt ward aus echten goldenen Steinen erbaut.
Piefke hatte eine Idee: Er wollte sich eine Taucherausrüstung besorgen, eine Taucherbrille, Taucherflossen und was sonst noch alles dazugehört.

(Wer Lust hat, kann die Sachen auch anziehen)

Piefke half den Fischern im Hafen beim Angeln, um sich Geld zu verdienen. Eines Tages fing er einen großen, seltenen Fisch. Piefke verkaufte diesen Fisch und bekam dafür viel Geld. Damit besorgte er sich eine Taucherausrüstung. Dann kam der große Tag: Er zog seine Badehose an und nahm die Taucherausrüstung mit. Mit dem Boot fuhr er auf das Meer hinaus bis zu der Stelle, an der die versunkene Stadt liegen sollte. Dort warf er seinen Anker aus. Er zog die Taucherausrüstung an und sprang ins Meer. Als er ein paar Meter tief getaucht war, sah er sie, die versunkene goldene Stadt. Er war sehr aufgeregt und versuchte, mit einem Hammer goldene Steine aus dem Kirchturm zu klopfen. Als er einen Stein losgeklopft hatte, merkte er, daß Wasser in seine Taucherbrille gekommen war. Er behielt trotzdem den goldenen Stein fest in der Hand.
Da wachte er auf. Er sah auf seine Hand. Schade, da war kein goldener Stein mehr. Piefke erzählte seiner Mutter den Traum. Sie meinte: »Piefke, du kannst ja in der nächsten Nacht noch einmal nach der versunkenen Stadt tauchen, vielleicht klappt es dann!« In der folgenden Nacht wartete die Mutter, bis Piefke eingeschlafen war, und legte ihm dann einen Stein, den sie vergoldet hatte, auf seinen Nachtschrank. Als Piefke aufwachte und sein Handtuch nehmen wollte, um zum Waschen zu gehen, sah er den Stein auf dem Nachtschrank. Unter dem Bett lagen eine Taucherbrille und die Taucherflossen. Piefke rieb sich ganz erstaunt die Augen und freute sich sehr.

Schatzsuche unter Wasser

* großes, durchsichtiges Gefäß
* Tuch
* Muschel
* Schneckengehäuse
* kleiner Stein
* innerer Teil eines Seeigels
* getrockneter Seestern (und was man sonst noch aus dem letzten Urlaub am Meer mitgebracht hat)

Wir füllen das Gefäß mit Wasser und geben die diversen Fundstücke hinein. Vorher müssen die Kinder sie gesehen und einmal befühlt haben. Einem Kind werden nun die Augen verbunden. Dann streckt es eine Hand ins Wasser, ertastet die Gegenstände und muß raten, um welche es sich handelt. Die Zuschauer dürfen mit einigen Hinweisen helfen.

67

Matschen und Kneten

Matschen und Kneten ist besonders für kleine Kinder ein Grundbedürfnis, das nur leider oft von den Erwachsenen ignoriert wird. Beim Anblick von Matsche geben sie häufig so merkwürdige Laute von sich wie *Igitt, igitt!* und sagen zurechtweisend *Kind, hör auf, du machst dich ja ganz dreckig!* Wenn die Kinder das hören, könnten sie einfach anfangen, das folgende Lied nach der Melodie von *Backe, backe Kuchen* zu singen:

Matschen, matschen ist so schön,
das kann man bei uns Kindern sehn!
Wer will mit beim Matschen machen,
der muß haben wenig Sachen:
Sand und Wasser – dann wird's nasser.
Auch Rasierschaum ist so schön –
er ist schön schmierig anzusehn.
Und im Matschen mit viel Kleister
sind wir ja ganz große Meister.
Tun wir Fingerfarbe drunter,
wird der ganze Schmierkram bunter.
Sagt ein Großer mal »Igitt!«,
lachen wir: »Mach doch mal mit!«

Rasierschaummatschen

✿ Rasierschaum
✿ großer Spiegel
✿ große Plastikmatte oder Folie

Die Kinder entkleiden sich bis auf die Unterhose. Je nach Situation können sie auch mit Badehose und -anzug bekleidet oder nackt sein. Dann wird der Rasierschaum auf der Folie oder der Plastikmatte in Kreisen oder Linien aufgetragen. Nach kurzer Zeit gehen die Kinder dazu über, sich selbst oder die anderen mit Rasierschaum einzuschmieren. Vorher sollten wir allerdings den Hinweis geben, daß der Schaum nicht gegessen werden darf. Und zum Schluß geht's dann unter die Dusche.

Der schnelle Friseur

❋ Pappe
❋ Stifte
❋ Schere
❋ Gefäß mit Rasierschaum
❋ eventuell Rasierpinsel
❋ Schüssel mit Wasser
❋ Handtuch
❋ weißer Kittel

Wir schneiden aus Pappe mehrere Rasierapparate in Form eines Naßrasierers aus und bemalen sie. Dann spielen wir Friseur. Wenn die Kinder Lust auf ein Wettspiel haben, teilen wir uns in zwei Gruppen auf. Einer aus jeder Mannschaft ist der Friseur. Er ist mit einem weißen Kittel bekleidet. In einem Gefäß hat er viel Rasierschaum. Damit pinselt er die Kinder seiner Gruppe ein. Sind alle ›eingeseift‹, dann geht's ans Rasieren. Mit dem Rasierapparat befreit der Friseur die Kinder vom Schaum. Er muß natürlich auch mit Wasser und einem Tuch dafür sorgen, daß seine Kunden wieder ganz sauber werden. Welcher Friseur ist   am schnellsten?

Schaumbilderraten

❋ Folie
❋ Rasierschaum

Wir hocken alle auf der Folie. Ein Kind beginnt und malt mit Rasierschaum ein Bild: vielleicht ein Mondgesicht, eine Blume, ein Haus ... Wir rätseln, was das Schaumgebilde darstellen könnte. Wer es errät oder dem Bildinhalt am nächsten kommt, darf seinerseits etwas malen.

Auch mit Kleister und Sand kann man prima matschen und schmieren:

Breiladen

❋ viele leere Gläser mit Deckeln
❋ Löffel
❋ Kleister
❋ Sand

Die Kinder vermengen (Tapeten-)Kleister mit Sand in unterschiedlichen Mischungsverhältnissen. Dann füllen wir diese Breie in verschiedene Dosen. Damit kann man nun einiges ›auf die Beine stellen‹.
Die Kinder können beispielsweise in jedes Kleister-Sand-Gemisch einmal hineinfassen und sich für ihren Lieblingsbrei entscheiden, mit dem malen sie dann auf alten Zeitungen oder Plastiksets die schönsten Bilder.
Oder die verschiedenen ›Breisorten‹ werden in einem ›Kaufmannsladen‹ in den höchsten Tönen angepriesen und an den meistbietenden Mitspieler ›verkauft‹.
Vielleicht haben ja auch Puppen und andere Spielgefährten Hunger und möchten gefüttert werden.

Für schöne Schmiermalereien gibt es noch mehr Möglichkeiten:

Mit farbiger Kleistermasse gehen die kleinen Künstler ans Werk

Bunte Matschkunst

* auswaschbare Pulverfarbe oder Fingerfarbe
* Kleister
* große Rolle Papier (eventuell Tapetenreste)
* Radio oder Plattenspieler

Wir mischen Kleister mit Farbe. Auf einer großen Rolle Papier malen die Kinder großflächige Bilder. Dafür tauchen sie die Finger in die farbige Kleistermasse. Wir hören dazu schöne Musik, das verstärkt die gute Stimmung. Außerdem werden dadurch die Malbewegungen beschwingter.

Auch Sand läßt sich einfärben:

Die Sandmaler

* Wasserfarben
* Sand
* leere Joghurtbecher
* größeres Glasgefäß
* Holzperlen
* dünne Schnur

Der Sand wird portionsweise mit mehreren verschiedenen angerührten Wasserfarben eingefärbt und dann vorübergehend in den Joghurtbechern aufbewahrt. Mit den unterschiedlichen Farben können wir die tollsten Effekte erzielen: Wir schichten nach und nach den verschieden eingefärbten Sand in das Glasgefäß. In jede Schicht stecken wir dabei eine Holzperle, die an einer Schnur befe-

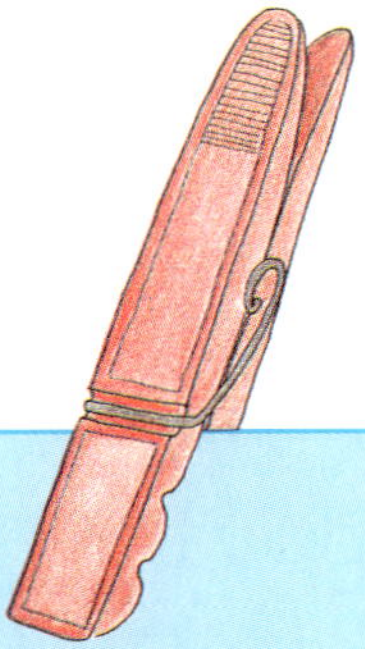

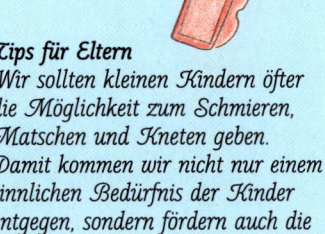

Tips für Eltern
Wir sollten kleinen Kindern öfter die Möglichkeit zum Schmieren, Matschen und Kneten geben. Damit kommen wir nicht nur einem sinnlichen Bedürfnis der Kinder entgegen, sondern fördern auch die feinmotorische Entwicklung.

stigt ist. Das Ende hängt über den Rand des Gefäßes. Ist es voll, so ziehen wir die Perlen an den Schnüren heraus. Der Sand gerät durcheinander, und wir staunen über den Marmoreffekt.

Für das Matschen und Kneten sollten wir einige Dinge im Hause haben, zum Beispiel:

❀ Folie
❀ Plastikdecke
❀ große Plastikbehälter zum Aufbewahren von Matsch
❀ Eimer und andere Gefäße
❀ die Zutaten für Teig
❀ Farbpulver

Hier nun einige Tips zur Herstellung verschiedener Teigarten zum Kneten. Alle drei können mit pflanzlichen Farbstoffen eingefärbt werden.

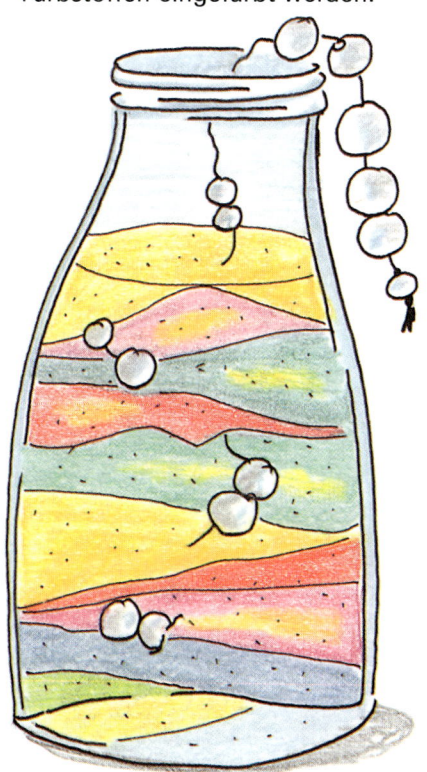

Zuckerteig

❀ eine Tasse Wasser
❀ zwei Tassen Zucker
❀ drei Tassen Mehl

Die Zutaten gut durchkneten. Figuren daraus formen und bei 175°C eine Stunde im Ofen backen. Dieser Teig kann auch genascht werden, ohne daß man sich – wie bei den beiden anderen Teigarten – den Magen verdirbt.

Salzteig

❀ vier Tassen Mehl
❀ eine Tasse Salz
❀ anderthalb Tassen Wasser

Zutaten zusammenmischen. Falls die Masse zu steif ist, noch etwas Wasser oder flüssigen Tapetenkleister dazugeben. Figuren oder Formen aus dem gut durchgekneteten Teig bilden und eine Stunde bei 175°C backen –

manchmal auch etwas länger, je nach Dicke der Figuren. Nach dem Trocknen können die Figuren zum Beispiel mit Wasserfarbe bemalt und verziert werden. Danach mit Klarlack – eventuell Sprühlack – von allen Seiten lakkieren, dann halten die Figuren länger!

Teig aus Stärkemehl

❀ ein Teil Stärkemehl
❀ zwei Teile Tafelsalz
❀ ein Teil Wasser
❀ etwas Speiseöl

Die Zutaten werden vermischt und bei geringer Hitze gekocht, bis die Masse steif ist. Dann fügt man ein paar Tropfen Speiseöl hinzu, um das Austrocknen zu verhindern. Wenn die Masse kalt ist, kann man daraus Figuren formen. Diese werden zwei Tage lang an der Luft getrocknet oder eine Stunde lang bei 175°C in den Backofen gelegt.

Solche und andere, ähnliche Farbgeschichten erzähle ich den Kindern, während wir lustig vor uns hinklecksen und dabei Farbmischungen ausprobieren. Die Idee zu Geschichten dieser Art bekam ich durch das beliebte Bilderbuch ›Das kleine Blau und das kleine Gelb‹ von Leo Leonni. Diese einfache und faszinierende Geschichte über Farben regte mich zu einigen Klecksspielen mit kleineren Kindern an. Dabei ist die Vorbereitung des Spielmaterials von besonderer Bedeutung.

Grundausstattung für die folgenden Spiele

* abwaschbare Folie zum Abdekken des Tisches oder Fußbodens
* Mischpalette (oder verschiedene Deckel von Marmeladengläsern)
* diverse Pinsel
* viele weiße Bögen Papier
* Reste alter Tapetenrollen
* Makulaturpapier (in Zeitungsverlagen erhältlich)
* leere Plastikbecher für Wasser und Farben
* Tubenfarbe in den drei Grundfarben Rot, Blau, Gelb

Was zusätzlich noch benötigt wird, ist bei den einzelnen Spielen angegeben. Sehr empfehlenswert sind *kippsichere Becher* mit einem Loch zum Eintauchen des Pinsels aus dem Bastelgeschäft. Durch einen besonderen Deckelmechanismus kann beim Umkippen kein Farbwasser auslaufen – das erspart Schmierereien! Empfohlen werden außerdem auswaschbare und unschädliche Farben.

Spiele mit Farben

Es waren einmal zwei Freunde, die hießen das kleine Blau und das kleine Gelb. Sie spielten gern mit den anderen Farben, dem kleinen Rot, dem kleinen Schwarz und dem kleinen Weiß zum Beispiel. Blau und Gelb umarmten sich manchmal, weil sie sich so gern mochten, dann wurden sie grün. Auch Rot und Blau mochten sich. Bei besonders stürmischen Umarmungen wurden sie lila. Schwarz und Weiß kuschelten gern und staunten nicht schlecht, als sie grau wurden... Aber damit ihre Eltern sie wiedererkennen würden, sprangen sie nach der Umarmung schnell in klares Wasser, um die fremde Farbe loszuwerden...

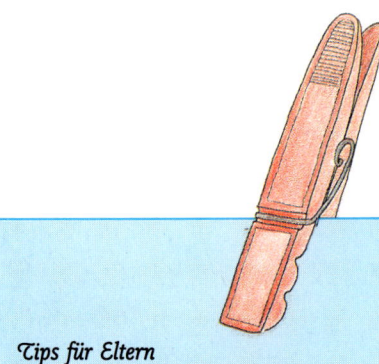

Tips für Eltern
Kleine Kinder brauchen viel Raum, um nach Herzenslust mit Fingern, Händen und Pinseln zu schmieren und zu malen. Diesen Platz sollten wir ihnen gewähren.

Wenn die Vorbereitungen abgeschlossen sind, kann's losgehen mit unserem ersten Klecksspiel.

Meister Klecks

Die Kinder dürfen ihren Spaß am Klecksen ausleben und spielerisch Erfahrungen mit Farben sammeln. Durch anregende kleine Geschichten wird eine Verbindung zwischen der Phantasie und der Gestaltung mit Farben hergestellt.

Wir haben alle einen Pinsel in der Hand, tauchen ihn ins Wasser und anschließend in die rote Farbe. Dann nochmals den Pinsel kurz ins Wasser tauchen und – schwupps! ist ein roter Klecks auf dem Papier!

Dazu erzählen wir folgende Geschichte:

Ein schöner Klecks,
ganz rot und fein,
der wollt' nicht mehr alleine sein!
Da holt er sich ganz schnell
einen Freund mit gelbem Fell.
(Wir tauchen die Pinsel in gelbe Farbe und machen einen zweiten Klecks neben den roten)
Der nächste Klecks ist gar nicht weit,
er kommt in einem blauen Kleid.
Die drei, sie spielen gern und wild,
ergibt das nicht ein schönes Bild?
(Wir machen einen blauen Klecks und mischen dann alle drei)

Tips für Eltern
Bei jeder etwas weniger reglementierten Kleckserei sollten wir allerdings darauf achten, daß die kleinen Maler nicht allzu wild und übermütig werden. Falls das doch einmal passiert, wechselt man einfach zu einem ruhigeren Spiel über.

Beim nächsten Klecksspiel geht es um Experimente mit dem Vermischen von Farben.

Lustige Mischerei zu zweit

❀ Pappe
❀ Schere

Wir haben mehrere Pappen von 10 x 10 cm Größe mit je einem Farbklecks in einer Grundfarbe versehen. Es sollten insgesamt so viele Pappen vorhanden sein, wie Kinder teilnehmen. Die Farben lassen wir trocknen. In der Mitte des Tisches liegen verdeckt weitere Pappkärtchen mit jeweils einem Klecks in einer Mischfarbe (zum Beispiel Orange aus Rot und Gelb, Grün aus Gelb und Blau, Lila aus Rot und Blau). Jedes Kind zieht ein Kärtchen mit einer Grundfarbe. Von den Karten in der Mitte wird eine aufgedeckt. Ist es beispielsweise die mit dem orangen Klecks, müssen sich diejenigen Kinder zu zweit zusammenfinden, die die roten und die gelben Grundfarbenkärtchen haben. Die beiden malen dann gemeinsam ein Bild, auf dem sowohl die Grundfarbe als auch die Mischfarbe sichtbar wird.

Falls die Kinder noch Schwierigkeiten haben zu erkennen, aus welchen beiden Farben sich die Mischfarbe zusammensetzt, können sie sich malend an das richtige Ergebnis herantasten.

Wenn gerne alle gleichzeitig malen möchten, kann man an jedes Kind alle drei Grundfarbenkärtchen verteilen. Es überlegt dann selbst, wie es die Farben mischen muß, um die Farbe auf der aufgedeckten Karte zu erzielen.

Farbmemory

❀ neun weiße Pappen
❀ selbstklebende, durchsichtige Folie
❀ Schere

Die Kinder malen einzeln oder auch gemeinsam mehrere große Pappen jeweils rot, blau, gelb, schwarz, orange, grün, braun und lila an. Eine Pappe bleibt weiß. Ist die Farbe getrocknet, versehen wir die Fläche mit selbstklebender Folie. Ist uns das in diesem Stadium zu schwierig, können wir damit auch warten, bis die Pappe zerschnitten ist. Wir schneiden sie in große Quadrate (wenn wir das Memory gemütlich auf dem Teppich spielen wollen) oder in kleinere (wenn wir uns an den Tisch setzen möchten). Die Quadrate werden gemischt und umgedreht hingelegt. Es gibt verschiedene Regeln:

Variante 1: Hier richten wir uns nach den ganz normalen Memoryregeln, das heißt: Der Reihe nach darf jedes Kind zwei Karten umdrehen. Haben sie nicht dieselbe Farbe, werden sie wieder verdeckt hingelegt, aber jeder versucht, sich zu merken, wo die Karten liegen. Paare in derselben Farbe werden von den ›Aufdeckern‹ gesammelt.

Variante 2: Jeweils ein oder zwei Kinder konzentrieren sich auf das Sammeln einer Farbe, zum Beispiel Blau. Aber auch hier darf man wiederum nur Paare beiseite legen. Dazu zählen dann auch die entsprechenden hellen und dunklen Farbschattierungen. Wer zuerst alle Karten ›seiner‹ Farbe beisammen hat, ist Sieger.

Die Kinder haben oft noch viele eigene Einfälle zur Veränderung der Spielregeln. Geben wir ihnen also dazu die Möglichkeit.

Etwas schwer ist es schon herauszufinden, von wem die Abdrücke stammen. Ob das wohl Svens Plattfuß ist?

Die Maler und ihr Kunstwerk

❀ Pappen in DIN-A4-Format
❀ Fotos von den Spielteilnehmern
❀ Klebstoff
❀ Schere
❀ Filzstifte

Die Spielteilnehmer malen jeweils ein Bild auf eine Pappe, und zwar möglichst unbeobachtet von den anderen. Wer fertig ist, legt sein Kunstwerk zunächst verdeckt auf den Tisch (oder auf den Teppich). Die Fotos klebt man auf Pappe, mischt sie sehr gründlich und verteilt sie an die Spieler. Wer sein eigenes Konterfei zieht, der muß tauschen. Nun wird das erste Werk aufgedeckt. Wer meint, das Foto des Malers in der Hand zu haben, meldet sich. Für falsche Vermutungen gibt es Minuspunkte, für richtige Pluspunkte.

Tolle Farbspiele können wir auch mit Fuß- und Handabdrücken entwickeln. Das folgende Spiel ist dafür nur ein Beispiel. Sicher fällt uns nach und nach immer mehr ein.

Das Spiel mit Hand und Fuß

❀ dicker, weicher Pinsel
❀ Wäscheleine oder feste Schnur
❀ Wäscheklammern
❀ Zettel und Stift

Der Spaß beginnt, indem wir von allen Kindern Fuß- und Handabdrücke nehmen. Dazu tragen wir die mit Wasser verdünnte Farbe mit dem Pinsel auf die Hand- und Fußflächen auf und drücken diese anschließend auf weißes Papier oder weiße Pappe. Zunächst benutzen alle die gleiche Farbe. Diese Kunstwerke hängen wir mit Wäscheklammern auf eine Leine. Jedes Blatt versehen wir mit einer anderen Nummer. Der Spielleiter hat sich dazu auf einem Extrazettel den Namen des jeweiligen Kindes notiert. Die Kleinen setzen sich nun in eine Reihe und schauen die Abdrücke an. Wir nehmen jetzt Blatt 1 von der Leine und halten es den Kindern hin. Jetzt wird geraten, um wessen Abdruck es

sich handelt. Wer den richtigen Namen nennt, erhält zum Beispiel einen Bauklotz. Wer zum Schluß die meisten Klötze hat, ist Sieger.

Wir können die Kinder auch dazu anregen, mit solchen Hand- und Fußabdrücken Detektivspiele zu entwickeln.

Farbenpuzzle

❀ Pappe
❀ Schere

Jeweils zwei Kinder malen mit den Fingern gemeinsam ein Bild auf Pappe. Jede Gruppe benutzt dafür eine Farbe. Dann schneidet der Spielleiter die Kunstwerke in acht bis zehn Teile. Auf ein Zeichen hin werden sie um die Wette nun wieder zusammengesetzt.

Die Punktnasen

❀ Stühle

Jedes Kind bekommt einen farbigen Punkt auf die Nase. Dabei sollten wir darauf achten, daß die unterschiedlichen Farben jeweils gleich oft vorkommen, also zum Beispiel zwei grüne, zwei blaue Punkte und so weiter, je nach Anzahl der Kinder und Farben.
Ein Kind steht in der Mitte, die anderen sitzen auf Stühlen im Kreis. Das stehende Kind (oder der Spielleiter) erzählt eine Geschichte. Kommt zum Beispiel die Farbe Rot vor, so tauschen die Kinder mit einem roten Punkt auf der Nase untereinander die Plätze. Das Kind in der Mitte versucht bei der Gelegenheit, schnell einen der Stühle zu besetzen. Gelingt es ihm, muß das übriggebliebene Kind in die Mitte.

Variante 1: Die Kinder mit gleichem Farbtupfer zählen auf, was sie alles in ihrer Farbe kennen, zum Beispiel Tomate, Kirsche, Ampelfarbe bei Rot, Zitrone und Sonne bei Gelb. Wer die meisten Gegenstände aufgezählt hat, ist Sieger. Man kann aber auch fragen: *Was seht ihr hier im Raum, das eure Farbe hat?*

Drinnen geht's hoch her

Draußen pfeift der Wind und prasselt der Regen – und uns paßt es nicht, daß wir drinnen bleiben müssen. Aber warum sich ärgern?! In der Wohnung können wir es uns jetzt so richtig gemütlich machen. Der Flur wird zur Autobahn, und Opa fühlt sich beim Wettrennen in unserem selbstgebastelten Rutschauto aus Karton so richtig wohl. Mutter ist gerade dabei, aus alten Kochlöffeln und all den einzelnen Socken Stars für das Puppentheater zu basteln, und Vater holt eine Flasche Wein aus dem Keller, um uns den Korken zu geben. Daraus basteln wir die für unser Mäusefangspiel noch fehlende Maus. Unsere Wohnung wird zum Filmstudio, wenn wir mit einer ausgeliehenen Videokamera lustige Spielszenen mit den Verkleidungskünstlern drehen – und die schwatzsüchtige Tante Erna hält dabei die Klappe. Philip nimmt gerade auf dem Klo verschiedene Geräusche auf – ob wir wohl beim Raten Punkte machen? Tante Grete wird es dabei schwer haben – sie hört schlecht –, dafür holt sie sich dann Punkte, wenn sie mit verbundenen Augen ihr heißgeliebtes 4711 unter den verschiedenen Duftproben herausriechen soll. Sind schließlich alle in Spiellaune, holen wir uns Töpfe, Löffel, leere Flaschen und anderes Sammelsurium aus der Küche und singen lustig-blöde Lieder. Klingelt daraufhin der Nachbar, laden wir ihn zum Wackelpuddingwettessen oder zu anderen verrückten Spielen ein. Wenn dann einige Mitspieler vor Lachen Bauchweh kriegen, bauen wir uns schnell eine Arztpraxis aus Schachteln und Kartons und bitten sie ins Wartezimmer. Da sitzen sie dann alle, vom kleinen Karli bis zum großen Kalle.

Denn die Spielideen des zweiten Kapitels sind für Vorschulkinder und jüngere Schulkinder gedacht. Aber auch Jugendlichen, die null Bock auf Video oder Disco und mehr Bock auf alberne Spiele in der Familie haben, und junggebliebenen Erwachsenen bereiten sie noch viel Spaß. Während die Spiele des ersten Kapitels besonders auf die Bedürfnisse kleinerer Kinder zugeschnitten sind, kommen beim zweiten die Vier- bis Sechsjährigen voll auf ihre Kosten. Sie können schon konzentrierter zuhören, spielen gern zusammen mit anderen, lieben Rollenspiele mit Puppen und Krimskrams. Sie erfinden Geschichten und möchten sich auch gern an Brettspielen in geselliger Runde beteiligen. Die vierjährigen Kinder zeigen dabei noch ein relativ spontanes Verhalten, während die fünf- und sechsjährigen schon wesentlich planvoller an die Spiele herangehen.

Gesellschaftsspiele – verändern und neu entwickeln

An einem schönen Sommertag lag ich mit einigen Kindern und Erwachsenen am Strand. Zum Baden hatten wir keine Lust. Wir bedauerten plötzlich sehr, kein Kartenspiel oder ein anderes unterhaltsames Spiel dabei zu haben. Da kam uns eine Idee: Wir sammelten Steine und Muscheln. Dann malten wir mit einem Stock Linien und Felder auf den geglätteten Sand. Einen Stein versahen wir mit verschiedenen Zeichen: mit einer Sonne auf der einen und einer Gewitterwolke sowie Regentropfen auf der anderen Seite. Statt eines Würfels warfen wir den Stein in die Luft. Entsprechend dem Zeichen, das der Stein zeigte, setzten wir unsere Spielsteine entweder vorwärts (bei Sonne) oder rückwärts (bei Regen). Wer als erster das Ziel erreicht hatte, war Sieger. Angestachelt von diesem ersten Erfolg, dachten wir uns immer neue Spiele mit den Muscheln und Steinen aus.

Auf diese Art können wir auch zu Hause improvisieren. Es müssen nicht immer die teuren, fertigen Gesellschaftsspiele für Kinder sein. Mit Korken, Kastanien, Saftflaschendeckeln und Knöpfen kann man auf Pappe oder Sperrholz mit Hilfe von etwas Farbe prima ein Spiel entwickeln. Hier einige Beispiele:

Zieh die Maus

Wir benötigen folgende Materialien jeweils in Gelb, Grün, Blau und Rot:

* Korken
* Filzreste und Wolle
* Stecknadeln mit farbigem Kopf
* Filzstifte
* Farbwürfel und zusätzlich noch
* Joghurtbecher

Die Spieler sitzen um einen Tisch herum oder hocken auf dem Fußbo-

den. In der Mitte liegen die Korkenmäuse. Jede Maus hat zwei Filzohren, einen Nadelkopf als Nase und zwei aufgemalte Augen. Am hinteren Teil der Maus ist mit Hilfe einer weiteren Stecknadel ein längerer Wollfaden befestigt.

Die Spieler haben den Faden ihrer Maus in der Hand. Wir würfeln nun mit dem Farbwürfel, der die Farben der verschiedenen Mäuse trägt. Ein Kind würfelt, wobei es den Joghurtbecher – dem wir vielleicht ein Katzengesicht aufgemalt haben – in der Hand hält. Erzielt es zum Beispiel Gelb, muß es versuchen, die gelbe Maus mit der ›Katze‹ zu fangen. Der Halter dieser Maus zieht sie natürlich schnell weg. Wird sie trotzdem gefangen – Pech, denn damit ist sie aus dem Spiel und wird beiseite gelegt. Der Mäusehalter, der zum Schluß übrigbleibt, darf in der nächsten Runde Mäusefänger sein.

Als *Variante* ist denkbar, daß jeder Spieler mehrere Mäuse derselben Farbe hat.

Anregung für diverse selbstgestaltete Spielpläne

❀ Korken
❀ Lackfarbe
❀ quadratische oder rechteckige Sperrholzplatte oder Pappe
❀ Farben
❀ Filzstifte
❀ Fotos aus Illustrierten
❀ Klebstoff
❀ Farbwürfel
❀ Würfel mit Augen

Mit Korken und einer Holzplatte oder einer festen Pappe können wir viele lustige Spiele basteln.

Mit Lackfarbe malen wir die Korken in unterschiedlichen Farben an, so daß wir sie gut als Setzfiguren gebrauchen können.

Dann denken wir uns gemeinsam mit den Kindern einen Spielplan aus, den wir auf die Sperrholzplatte oder auf die Pappe übertragen. Bei der Gestaltung des Plans bietet es sich zunächst an, ein lustiges Ziel zu malen, zu dem verschiedene Wege führen. Wir können dort auch Fotos aus Illustrierten aufkleben. Auf den verschiedenfarbigen Startlöchern steht dann später ein Korken in der jeweiligen Farbe. Vielleicht markieren wir auch einige Felder in einer von den anderen abweichenden Farbe: Dort muß man dann beispielsweise aussetzen oder um zwei Felder zurückgehen.

Zum Spiel benötigen wir noch einen Farbwürfel oder einen mit Augen, je nachdem, wie wir den Spielplan gestaltet haben. Falls wir keinen Farbwürfel besitzen, können wir auf einen normalen Würfel mit Lackfarbe verschiedene Punkte malen.

Nun überlegen wir uns nur noch entsprechende Regeln.

Zwei Beispiele, wie ein Spielplan aussehen kann, sehen wir auf dieser Seite.

Kunterbuntes Bonbonwürfeln

❀ verschiedenfarbige Bonbons
❀ große weiße Pappe
❀ Filzstifte
❀ Farbwürfel

In die Mitte der Pappe malen wir einen Punkt. Von ihm aus zeichnen wir sternförmig Verbindungslinien zu den Kindern. Am Ende dieser Linie liegen die verschiedenfarbigen Startfelder, auf die wir jeweils ein Bonbon in der entsprechenden Farbe legen. Nun wird reihum gewürfelt. Wirft dabei ein Spieler die Farbe seines Bonbons, setzt er es in ein Feld der entsprechenden Farbgruppe, das jeweils verschiedene Linien verbindet. Die Gruppe, die zuerst ihr Farbfeld voll hat, darf die Bonbons essen. Die anderen würfeln weiter.

Variante: Wenn die Kinder nicht einzeln gegeneinander spielen möchten, können sich auch diejenigen zu einer Gruppe zusammentun, deren Bonbons dieselbe Farbe haben. – Sicher fallen uns bei diesem Spiel noch viele andere Regeln ein.

Puzzlelieder

- ❀ Bildpostkarten
- ❀ Schere
- ❀ Briefumschläge
- ❀ einige Musikinstrumente

Die Bildpostkarten werden in Teile geschnitten, wobei die Formen nicht zu schwierig sein dürfen. Jedes Kind bekommt eines dieser Teile in einem zugeklebten Briefumschlag. Nach dem Startzeichen werden die Umschläge geöffnet. Nun versuchen sich die Spieler so schnell wie möglich zusammenzufinden, deren Teile zusammengehören. Ist eine Gruppe mit dem Puzzeln fertig, einigen sich die Kinder auf ein Lied und üben es ein. Die einzelnen Gruppen singen dann nacheinander ihr Lied vor und begleiten es auf den Instrumenten. Schön wäre es, wenn die Lieder etwas mit dem auf der Postkarte gezeigten Motiv zu tun hätten.

Pinguinspiel

- ❀ Sperrholzplatte oder feste, weiße Pappe
- ❀ Toilettenpapierrollen
- ❀ weißes Papier oder weiße Farbe und ein Pinsel
- ❀ Klebstoff
- ❀ schwarzes Tonpapier
- ❀ Filzstifte
- ❀ weißer Würfel mit schwarzen Punkten

Kinder mögen gerne die Verbindung von Spiel und Gesang. Bevor wir also die Pinguine für dieses Spiel basteln, üben wir mit den Kindern den Pinguinsong.
Zu der Melodie von *Auf der Mauer, auf der Lauer sitzt 'ne kleine Wanze* singen wir:

Ein kleiner Pinguin
steht einsam auf dem Eis.
Pitsch-patsch Pinguin,
jetzt läuft er schon im Kreis.

Und der Nordwind weht
übers weite Meer.
Pitsch-patsch Pinguin,
da friert er aber sehr.

Und er sucht sich einen
andern Pinguin.
Pitsch-patsch Pinguin,
sie kitzeln sich am Kinn.

Zwei kleine Pinguine
laufen übers Eis.
Pitsch-patsch Pinguin,
sie watscheln schon im Kreis.

Und der Nordwind weht
übers weite Meer.
Pitsch-patsch Pinguin,
sie frieren aber sehr.

*Und jeder sucht sich einen
andern Pinguin.
Pitsch-patsch Pinguin,
sie kitzeln sich am Kinn.*

*Horch, wer brummt denn da?
Das muß ein Eisbär sein.
Und sie ducken sich
und machen sich ganz klein.*

*Und der Eisbär tappt
schon heran, o Schreck!
Pitsch-patsch Pinguin,
da watscheln alle weg.*

Zunächst basteln wir die Pinguine:

1. Die Papprollen beklebt man mit weißem Papier oder malt sie weiß an.

2. Dann schneidet man aus schwarzem Tonpapier Flügel und Füße aus und klebt sie an die Rolle.

3. Zum Schluß werden Augen und Nasen aufgemalt.
Den Eisbären basteln wir in gleicher Weise, er erhält lediglich statt der Flügel und der Füße Tatzen und Ohren aus weißem Papier.

Hoffentlich begegnet den Pinguinen unterwegs nicht der Eisbär!

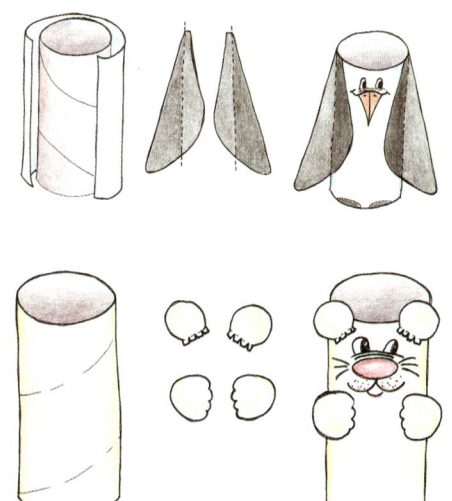

Nun geht es an das Spielfeld: Auf die Holzplatte oder die Pappe zeichnen wir an den Außenkanten kreisförmig angeordnete runde Felder, die den Durchmesser der Papprollen haben. Sie stellen die Eisschollen dar. Die Pinguine müssen gemeinsam gegen den Nordwind kämpfen, der in der Mitte des Spielfeldes dargestellt wird. Start ist in einer Ecke des Spielfelds, Ziel in der diagonal gegenüberliegenden. Man einigt sich vor Beginn, ob mit oder gegen den Uhrzeigersinn gelaufen werden soll. Wenn sich zwei Pinguine auf einer ›Eisscholle‹ begegnen, kitzeln sich die betreffenden Spieler am Kinn. Ziel des Spiels ist es, daß zwei Pinguine gemeinsam das Zielfeld erreichen, ohne daß der Eisbär ihnen begegnet. Er tappt in entgegengesetzter Richtung im Kreis herum ... und wir würfeln natürlich mit einem Eiswürfel, der schwarze Punkte hat ... (wie lange es wohl dauert, bis der schmilzt?).

Lied und Spiel von den Stimmungen

Kinder zeigen ihre Stimmungen noch sehr viel spontaner als Erwachsene. Sie leben sie fast ungehemmt aus und verarbeiten so ihre Erlebnisse. Wir wollen diese Fähigkeit hier nun in einem Lied aufgreifen.
Nach der Melodie von *Von den blauen Bergen kommen wir* singen wir das folgende Lied, das bei allen Kindern, die ich kenne, ein Hit geworden ist.

Wenn ich fröhlich bin,
dann klatsch' ich in die Hand.
Wenn ich fröhlich bin,
dann klatsch' ich in die Hand.
Wenn ich fröhlich bin,
dann klatsch' ich in die Hand.
Wenn ich fröhlich bin,
dann klatsch' ich –
Wenn ich fröhlich bin,
dann klatsch' ich –
Wenn ich fröhlich bin,
dann klatsch' ich in die Hand.

Wenn ich traurig bin,
dann wein' ich einfach mal.
Wenn ich traurig bin,
dann wein' ich einfach mal.
Wenn ich traurig bin,
dann wein' ich einfach mal.
Wenn ich traurig bin,
dann wein' ich –
Wenn ich traurig bin,
dann wein' ich –
Wenn ich traurig bin,
dann wein' ich einfach mal.

(Während wir diese Strophe singen, heulen wir, als hätte uns jemand unser größtes Eis weggenascht)

Wenn ich wütend bin,
dann schimpf' ich einfach mal.
Wenn ich wütend bin,
dann schimpf' ich einfach mal.
Wenn ich wütend bin,
dann schimpf' ich einfach mal.
Wenn ich wütend bin,

dann schimpf' ich –
Wenn ich wütend bin,
dann schimpf' ich –
Wenn ich wütend bin,
dann schimpf' ich einfach mal.
(Bei dieser Strophe machen wir mit dem Finger Drohbewegungen. – Wir denken uns natürlich noch viel mehr Strophen und Stimmungen aus)

Stimmungsquartett

❋ Tonkarton in verschiedenen Farben
❋ selbstklebende durchsichtige Folie
❋ Kamera und Filme
❋ entwickelte Fotos
❋ Schere
❋ Klebstoff

Damit wir das Stimmungsquartett spielen können, müssen wir erst die Karten basteln. Als erstes machen wir uns das Vergnügen, die Familien-

mitglieder (oder die anderen Kinder aus der Gruppe) zu fotografieren. Falls wir dafür eine Sofortbildkamera zur Hand haben, ist das natürlich besonders praktisch.

Wir bringen Tante Klara zum Lachen und Onkel Otto zum Weinen (aber nicht zu doll . . .). Wenn wir Oma ganz kurz mit einer Plastikspinne erschrekken, macht sie vielleicht ein ängstliches Gesicht. Um die wütenden Eltern aufs Foto zu bannen, brauchen wir gar nicht viel zu tun: Wir fotografieren sie einfach, wenn sie sich gerade über die Unordnung im Kinderzimmer aufregen.

Wenn wir dann mindestens acht Personen (uns selbst eingeschlossen) jeweils in vier verschiedenen Stimmungen ›im Kasten haben‹ und die Fotos fertig entwickelt sind, kleben wir die Quartette jeweils auf verschiedenfarbigen Karton, den wir zuvor auf Spielkartengröße zurechtgeschnitten haben, und überziehen die Karten mit selbstklebender Folie. Dann spielen wir damit nach den altbekannten Regeln des Quartetts.

Puzzlespaß mit Clowns

- ❀ weiße Pappe
- ❀ Bleistift
- ❀ Farben
- ❀ Pinsel
- ❀ Schere
- ❀ Sperrholzplatte oder Pappe
- ❀ bemalte Korken als Setzsteine
- ❀ Farbwürfel

Wir zeichnen vier Clowns auf die Pappe und malen sie in vier verschiedenen Farben aus. Dann werden die Clowns in zehn Teile zerschnitten. Die Teile legen wir auf die entsprechenden Felder in der Mitte des Spielfeldes. Das wird anhand der Abbildung aufgezeichnet. Die in den vier Farben bemalten Korken, die an die Kinder

verteilt werden, sollen sie lediglich an ihre Clownfarbe erinnern. Dann würfeln wir reihum. Erzielt das Kind, das den blauen Korken hat, Blau, so darf es ein Teil des blauen Clowns nehmen. Wirft es Rot, so gibt es dem Besitzer des roten Korkens ein rotes Teil. Wer zuerst seinen Clown auf den großen Feldern zusammengelegt hat, ist Sieger.

Das Spiel kann auch mit veränderten Regeln gespielt werden: Jeder bekommt beispielsweise nur dann ein Teil seines Clowns, wenn er selbst seine Farbe würfelt.
Oder jeder nimmt sich das entsprechende Teil, ganz egal, welche Farbe

sein Wurf erzielt. Das geht so lange, bis alle Teile vergeben sind. Da es aber Ziel ist, einen Clown in einer Farbe zusammenzusetzen, wird nun getauscht. Wer zum Beispiel Rot würfelt, aber einen blauen Clown zusammenlegt, tauscht mit dem Kind, das rote Clownteile sammelt.

Durch diese Tauschaktionen spielt nicht nur jeder für sich, sondern es werden Interaktionen zwischen den Kindern gefördert.

Wenn wir Lust haben, können wir beim Clownspiel auch ein Clownlied singen, und zwar zur Melodie von *Die Affen rasen durch den Wald*:

Es wird gespielt und viel gelacht,
gut aufgepaßt und mitgemacht
bei unserem Spiel mit bunten Clowns.
Wer würfelt Rot für mich?
Ich laß dich nicht im Stich,
ich geb dir Blau,
du gibst mir Rot.

Wir legen unsere Clowns zusammen,
bis wir keine Lust mehr haben
zu diesem Spaß für groß und klein.
Wer würfelt Gelb für mich?
Ich laß dich nicht im Stich,
ich geb dir Grün,
du gibst mir Gelb.

Geburtstagsparty

* Karton in Blau und Rot
* Prospekte aus Spielwarengeschäften sowie Warenhauskataloge (jeweils doppelt)
* Schere
* Klebstoff
* Bleistift und Filzstifte
* Farben
* Sperrholzplatte oder Pappe
* als Setzsteine Korken oder selbstmodellierte Figuren aus Fimo in verschiedenen Farben
* selbstklebende durchsichtige Folie
* Farbwürfel

Das Spielfeld mit der lecker aussehenden aufgemalten Torte übertragen wir anhand der Abbildung auf die Holzplatte oder Pappe.
Wenn wir zum Setzen keine bemalten Korken nehmen möchten, können wir die Spielfiguren aus Fimo

modellieren. Sie werden 20 Minuten lang bei 60°C im Backofen gebrannt. Der Spaß beginnt also damit, daß wir verschiedene Figuren formen, die möglichst Ähnlichkeit mit den Familienmitgliedern oder den Kindern der Gruppe haben sollten. Vielleicht ist Oma etwas kleiner als Onkel Paul, und der Papa hat einen dickeren Bauch als die Mama? Wenn wir sechs bis acht Figuren fertig haben und sie gebrannt sind, geht's weiter.
Jetzt werden die Spielkarten gebastelt. Aus Prospekten und Katalogen schneiden wir nach einer Schablone (10 x 10 cm großes Pappquadrat) Gegenstände aus, die wir gerne zum Geburtstag hätten. Alle müssen allerdings doppelt vorkommen. Damit es schneller geht, schnippeln auch die Erwachsenen mit. Wir brauchen nämlich mindestens 30 Geschenke für kleine Kinder, 30 für größere und 30 für Erwachsene; genauer gesagt: jeweils 15 Paare. Nicht stöhnen, die

Arbeit lohnt sich! Außerdem macht es Spaß, mit der Kindergruppe oder in der Familie einmal gemütlich zu schnippeln ... Wenn wir die 45 ›Geschenke‹ je zweimal ausgeschnitten haben, kommt der nächste Schritt. Wir kleben sie auf Pappe auf: jedes ›Geschenk‹ einmal auf rote und einmal auf blaue Pappe. Dann überziehen wir das Ganze mit der selbstklebenden Folie und schneiden die Bilder in der alten Größe wieder aus. Den roten Stapel legen wir auf das Kaufhausfeld des Spielplans, den blauen neben das Spielfeld – jeweils mit der Bildseite nach unten.
Mit dem Farbwürfel wird ermittelt, wer Geburtstagskind sein darf. Wer mit seinem Wurf *Rot* wirft, beginnt. Sven hat es geschafft und darf sich nun feiern lassen. Er stellt seine Figur auf die Torte und sucht sich aus dem blauen Stapel neben dem Spielfeld drei Geschenke aus. Die Karten legt er verdeckt auf die Torte.
Alle anderen sind Svens ›Geburtstagsgäste‹. Sie begeben sich auf die Startfelder. Zunächst müssen sie ihm ein ›Geschenk‹ kaufen: Würfeln sie *Blau*, gehen sie in die Bank und

bekommen dort einen Geldschein. Die Scheine haben wir vorher aus blauem Tonpapier ausgeschnitten. Dieser Stapel liegt ebenfalls neben dem Spielplan. Mit dem ›Geld‹ dürfen sie im ›Kaufhaus‹ ein ›Geschenk‹ kaufen. Dorthin gelangen sie aber erst, wenn sie *Grün* würfeln. Aus dem blauen Stapel wird nun ein ›Geschenk‹ ausgesucht, das Sven sich vielleicht wünscht.

Wird *Gelb* gewürfelt, dann dürfen wir endlich auf die Torte springen und gratulieren aber natürlich nur, wenn wir zuvor ein ›Geschenk gekauft‹ haben: *Herzlichen Glückwunsch, lieber Sven, hast du dir das gewünscht?* Sven schaut nach, ob unser ›Geschenk‹ mit einer seiner verdeckt liegenden Karten übereinstimmt. Antwortet er mit *Ja*, dürfen wir stolz sein. Wir haben einen Punkt. Antwortet er *nein*, versuchen wir unser Glück aufs neue. Die erste Runde ist zu Ende, wenn wir die drei Geschenke von Sven erraten haben. Dann singen alle *Happy Birthday*. In der nächsten Runde sucht sich ein anderes Kind drei ›Geschenke‹ aus, und das Spiel beginnt von vorn. Wer zum Schluß die meisten Punkte hat, ist Sieger und darf nun ›Geburtstagskind‹ sein.

Versteck den Hund!

❀ Kataloge und Zeitschriften (jeweils doppelt) oder Geschenkpapier mit kindlichen Motiven
❀ durchsichtige Klebefolie
❀ Pinsel
❀ Klebstoff
❀ Schere
❀ Pappe
❀ große runde Deckel von Marmeladengläsern oder Saftflaschen
❀ Lackfarbe
❀ Sandpapier
❀ alte Keks- oder Kaffeedose

Wir schneiden aus Zeitschriften, Katalogen oder Geschenkpapier bunte Motive aus, die wir schön finden. Jedes muß doppelt vorhanden sein. Die Motive werden kreisförmig in der Größe der gesammelten Deckel ausgeschnitten und auf Pappe geklebt. Damit sie vor Flecken geschützt sind, überziehen wir die runden Pappbilder mit durchsichti-

ger Klebefolie. Die Deckel malen wir mit Lackfarbe bunt an, damit sie lustiger aussehen. Einen tollen Effekt erzielen wir mit der ‹Verlauftechnik›. Dabei werden die Deckel zunächst mit den Pinseln in einem Grundton bemalt. Auf die noch nicht getrocknete Farbe lassen wir eine andere Farbe tropfen. Wir drehen den Deckel hin und her, so daß die Farben ineinanderlaufen.

Wenn wir Lust haben, können wir die Dose mit Sandpapier abschmirgeln und sie auf dieselbe Art verschönern. Wir brauchen sie zum Aufbewahren der Deckel und der Pappkreise.

Dann mischen wir die Bildmotive und verteilen sie offen auf dem Tisch oder dem Teppich. Die Spieler haben nun zwei Minuten Zeit, sich zu merken, wo welches Motiv liegt. Dann werden die Bilder mit den Deckeln abgedeckt. Ein Kind beginnt: Es hebt vier Deckel ab. Befindet sich kein Paar darunter, legt es die Deckel wieder drauf. Sind aber zwei gleiche Karten dabei, darf das Kind diese behalten und muß lediglich die anderen wieder abdecken. Die anderen Deckel bleiben ohne Motiv liegen. Wer zum Schluß die meisten Bildpaare hat, ist Sieger.

Auch bei diesem Spiel lassen sich die Regeln beliebig verändern. Wir können zum Beispiel alle aufgedeckten Motive behalten, egal, ob sie doppelt sind oder nicht. Wenn alle Motive aufgedeckt sind, ist der Spieler Sieger, der durch Zufall die meisten Paare hat – eine Spielregel, die besonders für die kleinsten Spieler geeignet ist.

Und bitte nicht vergessen, die Deckel und die Bildmotive nach dem Spiel wieder in die schöne farbig verzierte Dose zu packen!

Noch liegen die Schätze am Strand. Wer transportiert die meisten zum Hafen?

Schiffe auf Reisen

- ❁ leere (Streichholz-)Schachteln
- ❁ Streichhölzer
- ❁ Stoffreste
- ❁ Papier und Schere
- ❁ Sperrholzplatte oder Pappe
- ❁ Farbe oder Filzstifte
- ❁ Muscheln
- ❁ golden lackierte Steine
- ❁ Würfel

Zunächst bemalen wir die Platte für das Spielfeld zu einem Drittel gelb – als Sandstrand – und zu zwei Dritteln blau – als Meer. Dann basteln wir aus den Schachteln, Streichhölzern und Stoffresten (oder dem Papier) kleine Schiffchen. Die Muscheln vom letzten Urlaub verteilen wir auf dem ›Sandstrand‹. Zusätzlich vergolden wir noch kleine Steine mit Lackfarbe. Die Steine und Muscheln werden auf dem ›Strand‹ verteilt. Die Schiffe der Kinder befinden sich auf der gegenüberliegenden Seite des Spielfeldes an der ›Anlegestelle‹ startbereit auf dem ›Meer‹. Sie müssen sich nun durch die ›Wellen‹ zum ›Strand‹ kämpfen, dort Fracht einladen und zum Hafen zurücksegeln.

Vor Spielbeginn bereiten wir einen Würfel vor, indem wir zunächst seine Seiten mit Papier bekleben und anschließend jeweils zwei sich gegenüberliegende Seiten mit einer Augenzahl von eins bis drei versehen – damit die Fahrt etwas länger dauert. Dann wird gewürfelt. Pro Auge geht es eine ›Welle‹ vorwärts, und am ›Strand‹ anlegen kann man erst, wenn der Wurf einen genau dorthin führt. Wer das schließlich geschafft hat, darf einen Stein oder eine Muschel in sein Boot laden. Mit seiner Fracht muß er nun zum ›Hafen zurücksegeln‹, um auszuladen. Wenn der ›Strand‹ leergeräumt ist, hat der Spieler gewonnen, der die meisten Schätze zum ›Hafen‹ geschleppt hat.

Schwarzer Peter

❀ Pappe
❀ Schere
❀ durchsichtige Klebefolie
❀ Kamera und Filme
❀ Klebstoff
❀ Kohle, etwas Ruß oder schwarze Schminke

Warum sollen wir eigentlich immer mit den üblichen langweiligen Karten spielen? Wir können uns auch unsere Karten selbst basteln. Und dann nennen wir das Spiel einfach ›Schwarzer Papa‹, ›Schwarze Lisa‹ oder ›Schwarze Oma‹ ... Dazu fotografieren wir wieder die ganze Familie beziehungsweise alle Kinder aus der Spielgruppe jeweils zweimal. Auf dem ersten Foto guckt dann später jeder so blöd, wie er immer guckt. Beim zweiten wird das Gesicht mit einigen schwarzen Flecken verziert. Vom normalen Schnappschuß brauchen wir zwei Abzüge, vom ›schwarzen‹ Foto nur einen. Die Fotos kleben wir (wie beim ›Stimmungsquartett‹) wieder auf Pappkarten und überziehen sie mit durchsichtiger Klebefolie. Dann werden die Karten gemischt. Alle doppelten sind im Spiel, aber nur eine ›schwarze‹. Diese haben wir vorher aus dem Stapel mit den ›schwarzen‹ Karten gezogen – natürlich ohne sie anzuschauen! Die Karten werden unter den Mitspielern verteilt. Reihum zieht jeder eine Karte von seinem rechten Nachbarn. Wer so ein Paar erhält, legt es ab. Inzwischen hat der ›schwarze Fabian‹ einige Male den Besitzer gewechselt. Wer ihn als letzter noch in der Hand hält, wird von dem, der auf der Karte abgebildet ist (in diesem Fall vom Fabian), schwarz angemalt. Gewonnen hat der, der die meisten Kartenpaare ablegen konnte. Jetzt auf zur nächsten Runde! Eine neue ›schwarze‹ Karte wird gezogen, vielleicht ist es diesmal Onkel Paul?

Verrückte Familie

❀ Sperrholzplatte oder Pappe
❀ durchsichtige Klebefolie
❀ Schere
❀ Pinsel und Farbe
❀ Bleistift
❀ Klebstoff
❀ Lineal
❀ Kamera und Film
❀ Korken
❀ Mütze
❀ Lackfarbe
❀ Würfel

Der Spaß beginnt damit, daß wir uns gemeinsam völlig verrückte Fotomotive überlegen. Vielleicht spielen die Eltern einmal Kinder, setzen sich unsere Mützen auf, trinken aus der Nuckelflasche des Jüngsten, sitzen auf dem Töpfchen mit dem Teddy im Arm. Während die Kinder sich mit Omas Nachthemd, Vaters Anzug und Hut oder Mutters Kostüm verkleiden. Von jedem wird ein Foto gemacht. Wir lassen die Fotos entwickeln und von jedem Motiv zwei Abzüge machen. Je einen kleben wir als Ziel auf unser Spielfeld. Von den Dubletten ziehen die Spieler später jeweils ein Foto. Nun wissen sie, welches Ziel sie ansteuern müssen. Das bleibt natürlich geheim. Das Spielfeld gestalten wir dann so, wie es auf der Abbildung gezeigt wird. Nun fehlen nur noch unsere Aktionskarten. Auf

Pappe schreiben wir ›Aufgaben‹ auf, die erledigt werden müssen, beispielsweise: Grimasse schneiden, Witz oder Blödsinngeschichte erzählen, eine Minute lang die Zunge rausstrecken und dabei schielen. Die Korken bemalen wir in unterschiedlichen Farben und stellen sie auf die Startfelder. Jetzt kann's losgehen!

Wie der Name schon sagt: Bei diesem Spiel läuft nichts normal. Gesetzt wird manchmal rückwärts statt vorwärts. Nicht die Sechs ist die Glückszahl beim Würfeln, sondern die Eins. Zu Beginn des Spiels zieht jeder Teilnehmer eine Zielkarte (das sind die zweiten Abzüge von den verrückten Fotos).

In der Mitte des Spielfeldes liegen verdeckt die Aktionskarten. Wer nun eine *Eins* würfelt, zieht eine Aktionskarte und darf bestimmen, welcher Mitspieler die gestellte Aufgabe ausführen soll.

Wer eine *Sechs* würfelt, muß selbst tätig werden. Möchte er den Blödsinn nicht mitmachen oder gelingt es ihm nicht, die Aufgabe zu lösen, dann muß er zwei Runden aussetzen und als ›Hund‹ in die Ecke oder unter den

Tisch verschwinden. Führt er die Anweisung zu aller Zufriedenheit und erfolgreich aus, darf er vier Felder rückwärts setzen!

Wer eine *Drei* würfelt, zieht sich die Mütze über den Kopf, so daß er nichts mehr sieht, greift nach irgendeinem der Korken und setzt ihn auf einen anderen Platz. Lenas Aufschrei zeigt ihm, daß sie nun wieder fast von vorn beginnen muß.

Erreicht ein Spieler trotz allem sein Zielfoto, wird er von dem abgeküßt, der darauf abgebildet ist. Manchmal wäre es vielleicht besser, das Ziel nie zu erreichen ...

Tips für Eltern
Bei diesem Spiel gehören Geschrei und etwas Chaos dazu. Um aber zu verhindern, daß die Kinder völlig »ausflippen«, sollten wir zwischendurch immer wieder einmal zwei Minuten einlegen, in denen wir versuchen, ernst zu sein. Wir sehen uns an, dürfen dabei aber weder lachen noch reden.

Der große Meisterkoch

* vier bis sechs Kochtöpfe (möglichst alte, aussortierte)
* Zeitschriften mit Kochrezepten
* vier bis sechs Kochlöffel
* mit Liebesperlen gefüllte leere Gewürzdosen (oder kleine Gläser mit Deckel)
* leere Schachteln von Lebensmitteln (etwa von Kartoffelbrei, Tiefkühlgerichten, Corn-flakes)
* Lackfarbe
* Schere
* Klebstoff
* Hefter
* (dünne) weiße Pappe
* weißes Kreppapier
* Geschirrhandtuch

Wir malen die Kochlöffel in verschiedenen Farben an. Dann schneiden wir 10 x 10 cm große Abbildungen von Lebensmitteln aus den Zeitschriften aus. Dabei müssen die Lebensmittel zunächst einzeln vorkommen (also keine kompletten Gerichte!) und sollten den Kindern außerdem bekannt sein. Gut eignen sich beispielsweise die Werbeseiten, auf denen wir Gemüse, Kartoffeln, Margarine, Eier, Milch, Obst, Nudeln, Wurst, Käse etc. finden können.

Wir brauchen aber auch 20 x 10 cm große Abbildungen kompletter Gerichte, beispielsweise aus dem Rezeptteil. Dabei sollte es sich möglichst um Speisen handeln, die einfach zusammenzustellen sind und deren Zutaten die Kinder bereits kennen. Finden wir in den Zeitschriften nicht genügend Fotos für unser Spiel, können wir die Gerichte und Lebensmittel auch aufmalen. Dabei helfen die Erwachsenen natürlich mit.

Außerdem benötigen wir einige Karten mit gemalten oder aus farbigem Papier ausgeschnittenen Herzen. Sämtliche Motive kleben wir auf Pappe auf. Die Karten überziehen wir

eventuell noch mit durchsichtiger Klebefolie.

Wenn wir Lust haben, können wir außerdem noch lustige Kochmützen basteln:

1. Wir schneiden für jeden Mitspieler aus der weißen, dünnen Pappe einen 5 bis 7 cm breiten Streifen aus. Dessen Länge richtet sich nach dem Kopfumfang in Stirnhöhe.

2. Den Streifen schließen wir zu einem Ring und heften oder kleben die Enden zusammen.

3. Dann wird ein etwas breiterer Streifen weißes Kreppapier hineingeklebt oder festgeheftet und oben auf dieselbe Weise zusammengehalten.

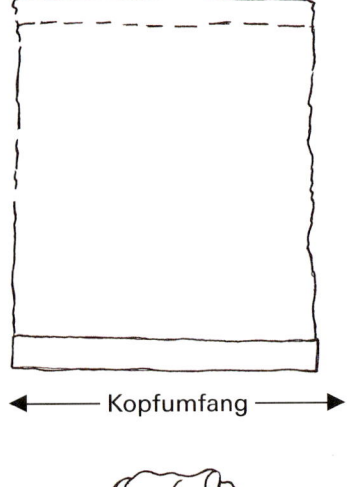

◄——— Kopfumfang ———►

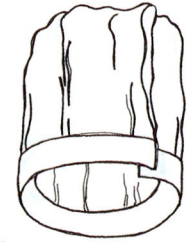

Jetzt kann es losgehen! Jeder Spieler hat einen Kochtopf und einen bemalten Kochlöffel vor sich. Unter einem

Ob die kleinen Meisterköche die richtigen Zutaten für ihr Gericht finden werden?

Geschirrhandtuch liegen die Abbildungen mit den Gerichten. Jeder zieht davon eine Karte und überlegt nun, was er zum Kochen braucht. Die Bilder mit den Zutaten haben wir in die diversen Lebensmittelschachteln getan. Jeder Spieler darf reihum eine ziehen. Benötigt er die Zutat für sein Essen nicht, so legt er sie zurück. Kann er sie gebrauchen, so gibt er sie in seinen Topf. Und wenn er eine Karte mit einem Herzen gezogen hat, dann darf er sein Gericht mit Liebesperlen würzen! Wer zuerst alle Zutaten für sein Gericht beisammen hat und es mit Liebe ›gekocht‹ hat, wird zum Meisterkoch ernannt.

Wir können das Spiel auch gut mit selbstgeformten Lebensmittelnachbildungen aus Salzteig spielen. Kartoffeln, Eier, Würstchen, Gemüse und Obst lassen sich prima modellieren und anmalen. Wir nehmen dazu 3 Teile Mehl, 1 Teil Salz, $\frac{1}{3}$ Teil Wasser. Die Formen brennen wir 30 Minuten lang im Backofen bei 60° C.

Tips für Eltern
Bereits beim Basteln des Spiels besprechen wir mit den Kindern, welche Zutaten sie für das Kochen einfacher Gerichte benötigen, zum Beispiel für Pfannkuchen, Nudeln mit Tomatensoße, Kartoffelbrei und Spiegelei, Reis und Hähnchen, Gemüsesuppe, Obstsalat oder Topfkuchen. Während des Spiels sollten wir die Kinder dann möglichst selbständig entscheiden lassen, ob sie das gezogene Nahrungsmittel für ihre Speise brauchen oder nicht.

Weniger vorbereitungsintensiv ist folgendes Kochspiel:

Schnipp-schnapp

- ❀ weiße Pappe
- ❀ Filzstifte
- ❀ Klebstoff
- ❀ Schere
- ❀ Fotokopien von den bemalten Pappen

Wir zerschneiden die Pappe in ungefähr 40 Karten im Format von etwa 9 x 6 cm. Die Kinder bemalen sie anschließend mit verschiedenen Motiven. Jedes Motiv wird dann dreimal fotokopiert. Die Kopien kleben wir auf Pappe und zerschneiden sie anschließend in die einzelnen Motive (9 x 6 cm).

Die Originale liegen verdeckt in der Mitte des Tisches. Die Karten mit den Fotokopien werden gemischt und auf die Mitspieler verteilt. Jeder legt seinen Stapel verdeckt vor sich hin. Das Spiel beginnt. Wir decken eine Karte aus der Mitte auf. Die Spieler nehmen nun gleichzeitig eine Karte von ihrem Stapel und legen sie mit dem Motiv nach oben neben die aufgedeckte Karte. Wer zuerst bemerkt, ob sich darunter eine Kopie des Originalmotivs befindet, schreit laut *Schnipp-schnapp!* und darf dann alle aufgedeckten Karten an sich nehmen. Sieger ist, wer zum Schluß die meisten Karten hat.

Puzzlekochen

- ✽ große Abbildungen von Gerichten aus Zeitschriften
- ✽ Schere
- ✽ Pappe
- ✽ Klebstoff
- ✽ durchsichtige Klebefolie
- ✽ Kochlöffel
- ✽ Lackfarbe
- ✽ Kochtöpfe
- ✽ Farbwürfel

Wir schneiden große Abbildungen leckerer Mahlzeiten aus, kleben sie auf Pappe und überziehen sie mit Folie. Wir zerschneiden die Bilder in kleine Quadrate von etwa 5 x 5 cm Größe, die wir in einen Kochtopf geben. Die verschiedenfarbig lackierten Kochlöffel werden verteilt. Dann würfeln wir. Wer *Rot* wirft und auch einen roten Kochlöffel hat, der fischt damit ein Teil aus dem Topf in der Mitte und

behält es. Wer *Schwarz* würfelt, darf mit einem anderen Kind Puzzleteile tauschen. Wer zuerst ein Gericht zusammengelegt hat, ist Sieger.

Der Weg zum Waldfest

- ✽ viele Korken
- ✽ Lackfarbe
- ✽ dünne Pinsel
- ✽ Bleistift und Lineal
- ✽ Sperrholzplatte (im Baumarkt in der gewünschten Größe zugesägt) oder feste Pappe
- ✽ Steine
- ✽ weißes Papier
- ✽ Schere
- ✽ Würfel mit Symbolen (notfalls selbstgemacht)

Zunächst malen wir anhand der Abbildung mit Bleistift ein Spielfeld auf eine Pappe oder eine Holzplatte.

Ziel des Spiels soll sein, beim großen Fest der Waldtiere mitzumachen. Also malen wir an den unteren Rand des Spielfelds die Startpositionen und an den gegenüberliegenden die Bäume, Luftballons und Tiere. Wir können aber auch Abbildungen aus Zeitschriften ausschneiden und aufkleben. Zu dem Wald führen verschiedene Wege. Auf einigen Feldern liegen Steine, die das Weiterkommen behindern, auf anderen kleine Papierschnipsel, die unterwegs aufgesammelt werden müssen.
Wir starten nun mit unseren Farbkorken. Gewürfelt wird reihum. Werfen wir das Symbol *Stein*, so dürfen wir den Stein fortnehmen, der uns den Weg versperrt. Wir erreichen den Wald also erst dann, wenn wir alle Hindernisse aus dem Weg geräumt haben. Würfeln wir das Symbol ?, darf uns einer der Mitspieler eine Frage zum Thema Wald stellen, zum

Beispiel: *Welche Tiere leben im Wald?* Oder: *Welche Bäume kennst du?* Die Art der Fragen richtet sich dabei natürlich nach dem Alter der Kinder. Kann der Spieler eine Antwort geben, darf er auf seinem Weg ein Feld weitergehen. Wird das Symbol *Baum* gewürfelt, kann er zum nächsten entsprechenden Feld vorrücken. Pech hat der Spieler, der das Symbol *Papier* würfelt: Er muß zu einem Feld zurückgehen, auf dem ein Papierfetzen liegt, und ihn aufheben. Das hält natürlich auf. Sieger ist, wer zuerst mit einem genau passenden Wurf den ›Festplatz‹ im Wald erreicht hat.

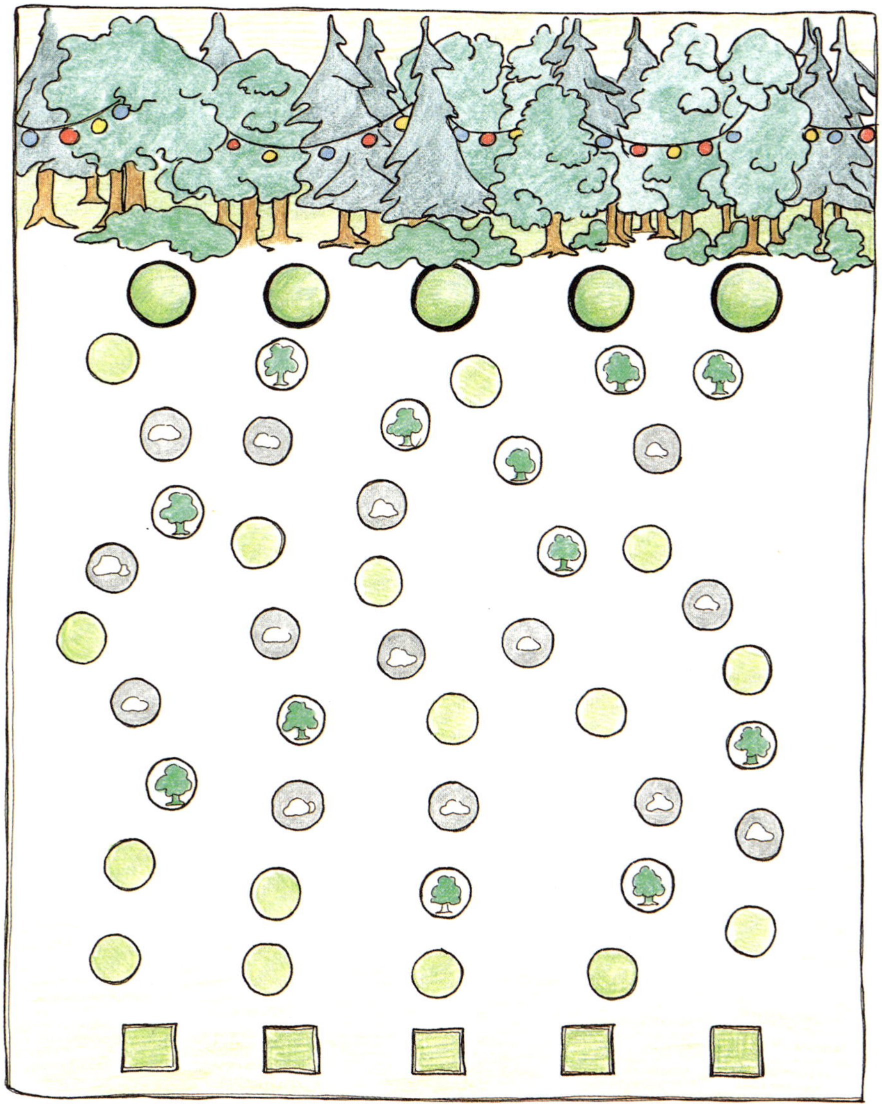

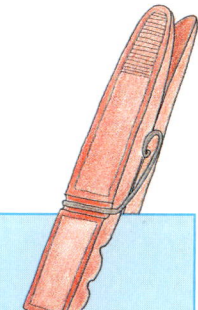

Tips für Eltern
Bei der Organisation eines Spielnachmittags sollten wir folgendes beachten:
1. *Wir suchen mehrere Spiele aus, von denen wir uns vorstellen können, daß die Kinder Spaß daran haben.*
2. *Dabei achten wir auf einen Wechsel zwischen ruhigen und lebhaften Spielen.*
3. *Wichtig ist auch, daß wir selbst Spaß an den Spielen haben – das überträgt sich auf die Mitspieler!*
4. *Alle Dinge, die wir für die Spiele benötigen, sollten griffbereit sein.*
5. *Wir gehen den Spielablauf gedanklich durch und beziehen mögliche Probleme in die Vorplanung mit ein.*
6. *Mit den Spielregeln sollten wir so vertraut wie möglich sein.*

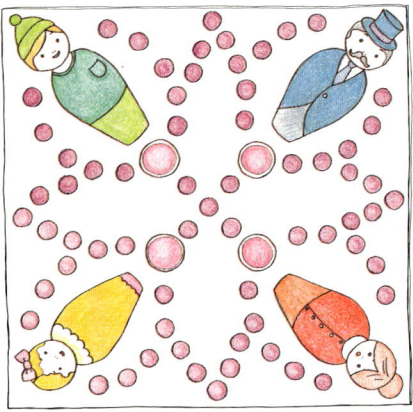

Knopftausch

❀ zehn Schachteln (größere Streichholzschachteln, Zigarettenschachteln etc.)
❀ zehn Korken
❀ 100 Knöpfe
❀ großer Würfel mit Punkten (im Spielwarenhandel erhältlich)
❀ Pappe oder Sperrholzplatte
❀ Pinsel
❀ Schere
❀ dicke Filzschreiber
❀ Bleistift
❀ Lineal

Wir malen anhand der Abbildung auf eine Pappe oder eine Holzplatte das Spielfeld auf. Die Schachteln, Knöpfe und Korken werden mit Lackfarbe bemalt, und zwar jeweils ein Korken, zehn Knöpfe und eine Schachtel in zehn unterschiedlichen Farben.
Wir legen die Knöpfe, nach Farben sortiert, in die entsprechenden Farbschachteln (in die rote also zehn rote Knöpfe und so weiter). Jeder Spieler nimmt sich einen Farbkorken und eine Schachtel in derselben Farbe. Der Inhalt dieser Schachteln wird ausgeschüttet und gemischt. Mit geschlossenen (oder verbundenen) Augen nimmt sich jedes Kind zehn Knöpfe und tut sie in seine Schachtel.

Es hat darin nun eine bunte Mischung und muß im Laufe des Spiels versuchen, die Knöpfe ›seiner‹ Farbe zurückzutauschen.
Die Knöpfe liegen in den Schachteln, und die Spieler stellen ihre farbigen Korken auf das Startfeld ihrer Farbe. Sie gehen dann jeweils so viele Felder weiter, wie sie Augen würfeln. Dabei müssen sie versuchen, sich mit einem Mitspieler auf einem *Mixfeld* zu treffen. Gelingt das, dann dürfen Knöpfe getauscht werden. Jeder sammelt dabei ›seine‹ Farbe. Wer zuerst die Knöpfe komplett hat, ist Sieger des Spiels.

Variante: Wir können uns für das Spiel auch noch andere Regeln ausdenken, zum Beispiel, daß jeder Spieler zwei Knöpfe von allen Farben sammeln muß, die im Spiel sind.

Lustige Faschingsparty

❀ Schminke (Stifte oder Kasten mit verschiedenen Farben)
❀ Zeitungspapier
❀ Klebefilm
❀ Farbe
❀ alte Brillen (ohne Gläser)
❀ Eierkartons
❀ Bänder oder Gummiband
❀ Luftschlangen
❀ Pappe oder Sperrholzplatte
❀ in unterschiedlichen Farben bemalte Korken als Setzsteine
❀ Farbwürfel

Mit diesem Spiel kommen wir in den Genuß, mehr als einmal im Jahr Fasching feiern zu können. Das Spielfeld gestalten wir ebenso bunt und lustig wie auf der Abbildung. Dann bereiten wir die anderen Dinge vor: Für die Pappnasen zerschneiden wir alte Eierkartons, bemalen sie mit roter Farbe und versehen sie mit zwei Bändern oder einem Gummiband.

Die Hüte werden aus zwei zusammenhängenden Blatt Zeitungspapier gebastelt:

1. Wir schneiden das doppelt liegende Zeitungspapier diagonal durch und verwenden im folgenden nur das zusammenhängende Dreieck. Das bemalen wir zunächst lustig bunt.

2. Nun rollen wir das Papierdreieck von der spitzen Ecke aus zu einem Hut, wobei wir die Öffnung dem jeweiligen Kopfumfang anpassen. Der Hut wird mit Klebefilm zusammengeklebt und die überstehenden Ecken umgeknickt und auf gleiche Weise befestigt.

3. Zum Schluß versehen wir die Spitze des Hutes mit Teilstücken von Luftschlangen.

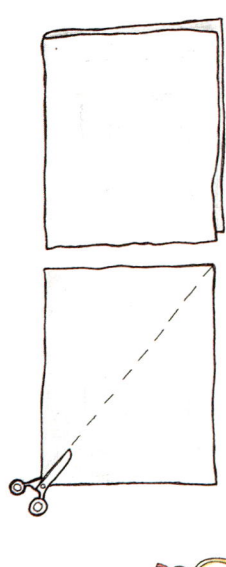

Bei der ›Faschingsparty‹ bekommen die Gesichter der Spieler nach und nach einige Farbtupfer

Natürlich können wir die Hüte auch aus farbigem Tonpapier oder -karton basteln.

Nun kann's losgehen: Jedes Kind erhält einen Korken, und reihum wird gewürfelt. Wirft Lisa zum Beispiel *Rot*, darf sie den Spieler mit dem roten Setzstein mit Schminke anmalen – aber nur etwas. Bei *Blau* erhält der ›blaue‹ Spieler einige Farbtupfer und so fort. Zum Schluß verpaßt man jedem noch einen Papierhut, eine Pappnase und eine Brille. Pro Wurf wird jeweils um ein Feld vorgerückt. Das Spiel ist beendet, wenn ein Korken das Ziel erreicht hat.

Für dieses Spiel braucht man nicht unbedingt ein Spielfeld. Man kann auch jedem Spieler einfach zu Beginn der Runde einen Punkt in einer anderen Farbe auf die Nase tupfen. Reihum wird gewürfelt. Wirft ein Teilnehmer zum Beispiel *Gelb*, wird Heini mit dem gelben Nasenpunkt weiter geschminkt oder verkleidet. Gewonnen hat der, der zuerst komplett zurechtgemacht worden ist. Wir können das Spiel noch erweitern, wenn wir für die Kinder zusätzlich einige lustige Utensilien zum Verkleiden bereitlegen.

Sind alle ausstaffiert, steigern wir die ohnehin schon gute Stimmung durch das Singen eines lustigen Liedes, zum Beispiel *Meine Oma fährt im Hühnerstall Motorrad . . .* Oder:

Wir bilden den Idiotenclub und laden dazu ein,
bei uns ist jeder angesehen, nur blöde muß er sein.
Wir schminken und verkleiden uns und sehen lustig aus –
wer von uns am blödsten ist, geht auf die Straße raus!

Und nun können wir auswürfeln, wer sich einmal verkleidet auf der Straße zeigen soll.

Ratespiele

Ich sehe was, was du nicht siehst, und das ist rot!
Das Herz auf der Gardine? – Nein.
Die Lampe aus der Puppenstube? – Nein.
Die Mütze von Alf? – Nein.
Die Stecknadelköpfe aus Großmutters Nähkorb? – Ja!

Na, Gott sei Dank, erraten! Wir kennen es alle, dieses bekannte Ratespiel, das wir an jedem Ort spielen können – es vertreibt Langeweile und bringt Spaß. Vor allem lenkt es ab, wenn vielleicht Peter und Anna sich gerade wieder um die Bausteine streiten oder Hansi traurig in der Ecke sitzt.

Es gibt noch eine ganze Reihe von Ratespielen, die genausoviel Spaß machen. Ich möchte einige davon hier vorstellen.

Personenraten

Einer von uns beginnt. Er sucht sich eine Person aus, die er auf folgende Weise beschreibt: *Sie ist klein, lustig und hat dunkle*

Haare. Wir sehen in die Runde. Könnte es Renate sein oder Annika oder Jan? Wenn es noch keiner erraten kann, muß die Beschreibung etwas genauer werden: *Sie trägt schwarze Lackschuhe, eine rote Bluse und eine Haarspange.* Jetzt wissen natürlich alle, daß es Julia ist.

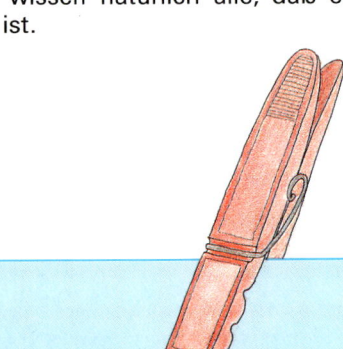

Tips für Eltern
Die Beschreibungen sollten so lange wie möglich allgemein bleiben, damit die Kinder viel Spielraum zum Raten haben. Außerdem muß dann jeder seine Mitspieler genauer beobachten. Konkreter sollten wir erst dann werden, wenn bei den Mitspielern Ungeduld aufkommt.

Berufe raten

An diesem Spiel sollten nach Möglichkeit mindestens vier Kinder teilnehmen. Wir bilden zwei Gruppen. Diese stehen sich in einiger Entfernung gegenüber. Eine Gruppe beratschlagt leise, welchen Beruf sie darstellen möchte, beispielsweise Pilot. Dann bewegen sich die Kinder auf die gegenüberstehende Gruppe zu und singen oder sprechen:

Wir kommen aus dem Morgenland.
Die Sonne hat uns schwarz gebrannt.
Wir sehen aus wie Mohren
und haben soooo lange Ohren.
Die andere Gruppe fragt:
Was seid ihr für Leute?
Die erste Gruppe antwortet:
Ehrliche Leute!
Die zweite Gruppe sagt:
Zeigt uns euer Handwerk!

Daraufhin beginnen die Teilnehmer der ersten Gruppe, den Beruf, den sie sich ausgedacht haben, pantomimisch – also ohne Worte und nur mit Hilfe von Gestik und Mimik – darzustellen. Dabei stehen beide Mannschaften nur noch wenige Schritte voneinander entfernt. In dem Augenblick, in dem die anderen den Beruf erraten, laufen die Darsteller schnell zu ihrem Ausgangspunkt zurück. Werden sie unterwegs von den Ratern gefangen, spielen sie in der folgenden Runde bei ihnen mit. Sind alle Kinder in die Mannschaft der Rater übergewechselt, beginnt das Spiel mit getauschten Rollen von vorn.

Das Beruferaten kann aber auch in einigen ruhigeren Varianten gespielt werden:

Variante 1: Die Kinder sitzen sich in zwei Gruppen gegenüber. Die erste verläßt den Raum und bespricht draußen, welchen Beruf sie pantomimisch darstellen möchte. Dann wird er den anderen vorgeführt. Errät die andere Gruppe den Beruf, bekommt sie einen Punkt. Statt stur Punkte zu zählen, können wir auch jeweils eine Pappnase oder einen Zeitungshut vergeben. Die Mannschaft, in der zuerst alle Kinder Pappnasen oder Hüte aufhaben, hat gewonnen.

Variante 2: Jetzt spielen wir das Beruferaten in Anlehnung an die Idee der Fernsehsendung ›Was bin ich?‹

- ❀ Zeitungspapier
- ❀ Kleister
- ❀ Luftballon
- ❀ Farbe
- ❀ farbige dünne Pappe oder Papier
- ❀ Messer
- ❀ Netz mit Schokoladentalern
- ❀ 20 goldenlackierte Papptaler

Wir blasen den Luftballon auf und zerreißen das Zeitungspapier in kleine Fetzen. Die Schnipsel vermischen wir mit etwas Kleister, so daß eine klebrige, aber nicht zu nasse Masse entsteht. Diese verteilen wir gleichmä-

ßig auf den gesamten Ballon. Wenn die Masse getrocknet ist, malen wir unser Werk rosa an – wenn die Kinder nicht lieber ein rotes oder grünes Schwein möchten. An einer Seite werden zwei Augen, eine Schnauze und zwei Ohren aus dünner Pappe oder aus Papier angeklebt. Damit das Schwein fester steht, versehen wir es noch mit vier Füßen aus Pappe. Nun fehlt nur noch der Schlitz in seinem Rücken. Den machen wir mit einem scharfen Messer. In den Bauch schneiden wir vorsichtig ein etwas größeres Loch. Das herausgeschnittene Teil benutzen wir zum Verschließen. Dazu nehmen wir Kreppklebeband.

Und los geht das Spiel! In der Mitte steht ein Stuhl und daneben das Schwein aus Pappmaché. Ein Kind flüstert dem Spielleiter den Beruf ins Ohr, der erraten werden soll, und setzt sich auf den Stuhl. Es macht eine kurze Handbewegung, die etwas mit dem Beruf zu tun hat. Dann dürfen die anderen raten: *Machst du dich dreckig bei der Arbeit? – Hilfst du den Leuten? – Mußt du etwas verkaufen?* Bei jedem *Nein* füttert der Spielleiter das

Schwein mit einem goldenen Papptaler. Wenn die Zahl von 20 erreicht ist, werden sie gegen einen Schokoladentaler eingetauscht, und das Spiel endet. Das Kind deckt sein ›Berufsgeheimnis‹ auf und darf sich nun den Schokoladentaler schmecken lassen. Es wählt unter den interessierten Kindern den nächsten Kandidaten. Errät ein Mitspieler den Beruf schon vorher, erhält er den Taler und er darf sich seinerseits ausfragen lassen.

Mit dem Schwein können wir auch noch andere tolle Spiele machen:

Schwein gehabt!

❀ etwa 20 goldenlackierte Papptaler
❀ Pappmachéschwein

Alle Kinder bis auf eines sitzen im Kreis. Jedes erhält die gleiche Anzahl Taler. Das eine Kind sitzt außerhalb des Kreises mit dem Rücken zur Gruppe. Dann singen wir zur Melodie von *Taler, Taler, du mußt wandern:*

Schweinderl, Schweinderl, du mußt wandern
von dem einen Kind zum andern.
Oh, wie schön, oh, wie schön,
wer kein' Taler hat, muß gehn.

Dabei wandert das Schwein von Hand zu Hand. Das einzeln sitzende Kind sagt irgendwann *stop*. Derjenige, bei dem das Schwein dann gerade ist, muß einen Goldtaler hineinstecken. Wer verloren hat, scheidet aus. Wer als letztes übrigbleibt, ist Sieger.

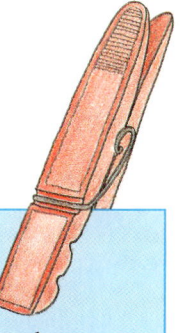

Tips für Eltern
Wenn Kinder untereinander spielen, albern sie oft herum, blödeln gerne und schimpfen oft auch recht viel. Das gehört für sie einfach zu einem natürlichen Spielablauf dazu. Machen aber Erwachsene mit, bremsen sie sich oft quasi automatisch: Das Spiel verläuft ruhiger und geregelter.
Der folgende Vorschlag findet sicher bei all jenen Anklang, die gern Blödsinn machen – und das müssen nicht immer nur die Kinder sein. Generell ist das Spielen nämlich – gerade auch für uns Erwachsene – eine gute Möglichkeit, solche Gefühle und Stimmungen auszuleben, die wir sonst oft unterdrücken.

Du Schwein!

Jeder denkt sich ein Schimpfwort aus, aber ausnahmsweise nicht für den anderen, sondern für sich selbst. Das Schimpfwort sollte aus dem Wortschatz der Kinder kommen, ihnen also vertraut sein. Es kann vorher auch mit dem Spielleiter in einer Ecke des Raumes flüsternd abgesprochen werden. Haben alle Kinder ihr Schimpfwort, kann es losgehen. Wir sitzen im Kreis um ein Kind herum, das eine Schweinsnase aus rosa angemalter Pappe (gebastelt aus einem Stück Papprolle oder Eierkarton und Gummibändern) aufhat und dem ein Ringelschwänzchen mit einer Sicherheitsnadel an der Hose befestigt wird. Es brüllt nun ein Schimpfwort nach dem anderen in die Runde. Fühlt sich eines der Kinder angesprochen (das heißt: decken sich die beiden Schimpfwörter), dann antwortet es *Du Schwein!* und geht in die Mitte, um das ›Schwein‹ abzulösen und muß nun seinerseits herausbekommen, ob es einen ›Blödmann‹, einen ›Armleuchter‹ oder ein ›Matschauge‹ in der Runde gibt.

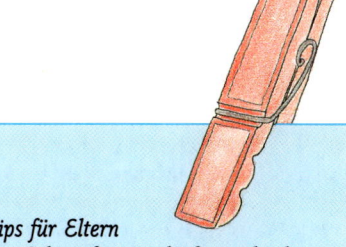

Tips für Eltern
Die Schimpfwörter dürfen nicht diskriminierend oder verletzend sein. Kinder sollen die Erfahrung machen, daß Schimpfen zum Leben gehört, Grenzen aber gewahrt bleiben müssen.
Kinder schimpfen nicht nur gern, sie lieben es auch, Dinge anzufassen, vor denen wir uns ekeln. Dazu haben sie beim folgenden Spiel Gelegenheit.

MATSCHAUGE!

Schweinkram

❀ glitschige Seife
❀ gekochte Makkaroni
❀ nasser Schwamm
❀ Matsch in Plastiktüte
❀ Glibbermasse
❀ stachelige Früchte (Stachelbeere, Litschi etc.)
❀ Tücher

Wir benötigen einige Dinge, die sich eklig oder unangenehm anfühlen. Kindern fällt immer viel ein, so daß wir uns um das Zusammensuchen dieser Sachen keine Sorgen machen müssen. Die obengenannten Dinge dienen nur als Anregung. Zwei Kinder kümmern sich um die glitschige Sammlung, wobei die anderen die Sachen noch nicht sehen dürfen. Dem Rateteam, das sich freiwillig zur Verfügung gestellt hat, werden die Augen verbunden. Die Teile der Sammlung gehen von Hand zu Hand. Kreischen und Quietschen muß dabei einkalkuliert werden. Wenn die Gruppe alles angefaßt hat, verstecken wir den ›Schweinkram‹ wieder. Wer die meisten Dinge im Gedächtnis behalten und richtig geraten hat, gewinnt. Der Preis könnte beispielsweise eine weiße (Glibber-)Maus sein (keine echte, sondern eine aus dem Süßwarenladen!). Wenn wir das Spiel im Familienkreis durchführen, können wir die Maus vielleicht einmal unauffällig an Oma Lotte weiterreichen ..., aber wirklich nur, wenn sie nicht herzkrank ist!

Lehrer Lämpel

❀ Brillengestell
❀ Glocke
❀ Schulhefte
❀ Fotos von den Kindern
❀ Stifte

Zunächst kleben wir die Fotos außen auf den Umschlag der Hefte, so daß jedes Kind sein persönliches Heft erhält.

Wir überlegen uns dann irgendeine lustige Rätselfrage, zum Beispiel: *Welcher Hahn kann nicht krähen?* Wer zuerst *Wasserhahn* brüllt, darf als erster Lehrer Lämpel sein.

Dieser sitzt auf einem Stuhl. Die Kinder sitzen, wie in der Schule, in Zweierreihen vor ihm. Lehrer Lämpel setzt sich das Brillengestell auf und schaut weise und streng über den Rand. Die ›Schüler‹ schlagen ihre Hefte auf. Der ›Unterricht‹ kann beginnen. Lehrer Lämpel hat sich einen Begriff ausgedacht, den die Kinder nun erraten sollen, zum Beispiel *Bahnhof*. Er umschreibt das Wort aber so, daß die Kinder nicht sofort erkennen, worum es sich handelt. Das könnte so lauten: *Man geht dorthin, wenn man wegfahren will. Viele Leute tragen Koffer in der Hand. Wenn man zu spät kommt, ärgert man sich.* Hat ein Kind den richtigen Begriff genannt, darf es einen Strich in sein Heft machen. Wenn die Stunde um ist, sammelt der ›Lehrer‹ die Hefte ein und bimmelt mit der Glocke. – Pause! Lehrer Lämpel sieht nach, wer die meisten Striche hat. Dieses Kind darf die nächste Unterrichtsstunde übernehmen und denkt sich nun seinerseits Begriffe aus. Wenn die Kinder an dem Spiel die Lust verlieren, werden die großen Ferien angekündigt.

›Nicole, welchen Begriff habe ich soeben ausführlich beschrieben?‹ fragt Lämpel

Oder der Spielleiter zählt die Erbsen vor Beginn des Spiels – unter Umständen mit Hilfe seiner Großmutter, falls er selbst nur bis drei zählen kann . . .

Den Kindern fällt bestimmt noch mehr ein, was man schätzen kann: zum Beispiel all die leeren Bierflaschen, die Onkel Hans unter dem Sofa versteckt hat, oder wie viele Meter Wolle der kratzige Pullover von Klein Karli ergibt, wenn er aufgeribbelt wird . . . Aber bitte vorher genau überlegen, ob beim Ermitteln des Ergebnisses irgendein Schaden entstehen kann – Muttis kostbarer Angorapullover ist sicher nicht geeignet!

Erbsen schätzen

* viele rohe (oder aufgetaute tiefgefrorene) Erbsen oder Bohnen oder auch Knöpfe
* Gefäß
* Zettel und Stift
* Zahnstocher
* Teller

Ein großes Glas mit Erbsen (oder ein Korb mit Bohnen oder eine Dose mit Knöpfen oder . . .) steht in der Mitte. Die Mitspieler sollen nun schätzen, wie viele Erbsen im Glas sind. Nach einer Bedenkzeit entscheidet sich jeder für eine Zahl, die vom Spielleiter aufgeschrieben wird. Kleine Kinder, die noch keine Vorstellungen von Zahlen haben, raten einfach wild darauf los. Das kann auch sehr lustig sein. Um dann herauszufinden, welches Kind am besten geschätzt hat, gibt es zwei Möglichkeiten: Jedes Kind kann einen Zahnstocher und einen Teller bekommen. Wir pik-

ken nun um die Wette die Erbsen auf und legen sie auf die Teller. Wer die meisten hat, ist *Prinz* oder *Prinzessin auf der Erbse*. Die einzelnen Haufen werden vom Spielleiter gezählt, addiert, und der Rater, der dieser Zahl am nächsten gekommen ist, kann sich als Gesamtsieger feiern lassen. Und dann kommen die Kinder vielleicht auf die Idee, daraus Erbsensuppe für ihre Teddys zu kochen.

Tips für Eltern
Ratespiele, bei denen es um Sinneswahrnehmungen geht, sind sehr wichtig für Kinder. Sie können ihre Sinnesorgane erproben und schärfen. Und diese Spiele greifen zugleich die Alltagserfahrungen der Kinder auf, denn die Kleinen entdecken – wie wir bereits gesagt haben – ihre Umwelt durch Ertasten, Schmecken, Riechen . . . . Den Kindern macht es viel Spaß, Gegenstände durch Ertasten und Erfühlen zu erraten, Dinge am Duft zu erkennen, Leckereien am Geschmack zu unterscheiden, Geräusche zu erraten und auch Veränderungen an Personen durch genaues Hinsehen zu erkennen. Um solche Spiele geht es im folgenden.

Könnte es vielleicht eine Banane sein, die Philip da unter seinem Hemd hat?

Die erfühlte Banane

❀ verschiedene Gegenstände

Wir sitzen im Kreis. Jedes Kind hat unter dem Pullover einen Gegenstand versteckt. Ein Kind muß nun versuchen, durch die Kleidungsstücke hindurch zu ertasten, was darunter versteckt ist. Hat es etwa die Hälfte der Sachen erfühlt, darf es den nächsten ›Abtaster‹ bestimmen.
Bei älteren Kindern ist eine schwierigere Spielvariante möglich: Sie nennen die Gegenstände nicht sofort, sondern erst, nachdem alle ertastet wurden. Dies ist zusätzlich ein gutes Gedächtnistraining. Und nun nicht gleich verduften: Auf geht's zum Schnupperspiel!

Ob Philip errät, was ihm da unter die Nase gehalten wird?

Wo ist Tante Friedas 4711?

❊ verschiedene Dinge, die sich im Duft unterscheiden
❊ Tuch
❊ Tablett oder Tisch

Ein Mitspieler bekommt die Augen verbunden. Er darf nun beweisen, daß er ›einen guten Riecher‹ hat – oder er fällt auf die Nase ...
Auf ein Tablett oder einen Tisch stellen wir Sachen, die verschieden riechen, zum Beispiel Käse, Klebstoff, eine Blume, Vaters Pantoffeln, Omas Parfüm, eine Knoblauchzehe und Essig; wenn wie gemein sind, legen wir noch ein faules Ei dazu ... Aber da wir das natürlich (!) nicht sind, tut's auch ein verschwitzter Pullover.
Der Spieler, der nun zeigen soll, daß er seiner Nase trauen kann, muß nun die unterschiedlichen Gerüche jeweils einem Gegenstand zuordnen. Gelingt ihm das bei allen, dann darf er sich mit Tante Friedas 4711 besprühen, und das Spiel kann mit neuen Gegenständen weitergehen. Na los, wer hat die Nase vorn?

Das nächste Spiel ist so richtig etwas für Leckermäuler.

Schokoladenpudding oder angebrannter Kartoffelbrei?

❊ Lebensmittel und Naschereien
❊ Tuch

Die Kinder sitzen im Halbkreis. Auf einem Tisch stehen mehrere Leckereien, die sie am Geschmack erkennen sollen. Einem Kind werden die Augen verbunden. Es bekommt nun einige Köstlichkeiten vorgesetzt, wie zum Beispiel Eis, Gummibärchen, versalzene Linsensuppe, Schokoladenpudding, salzige Knabbersachen, Makkaroni und eine halbe Zitrone. Alle sind gespannt – nicht nur darauf, ob alles erkannt wird, sondern auch darauf, wie das Kind auf die Linsensuppe oder auf die Zitrone reagiert.

Piep oder Pups?

❀ Kassettenrecorder und Kassette

Der Spaß beginnt damit, daß wir verschiedene Geräusche aus unserer Umgebung aufnehmen. Falls sie uns nicht reichen, können wir auch welche nachmachen.

Dann spielen wir sie einzeln einem Mitspieler vor, der bei den Aufnahmen nicht dabei war. Er muß nun herausfinden, ob es sich um den Piepton eines Vogels oder um den Pupston eines Mitspielers handelt.

Während er diese Aufgabe bestimmt mit links meistert, ist die nächste sicherlich etwas schwieriger: Er darf seinen Tip nämlich nicht verraten, sondern muß sämtliche Geräusche im Gedächtnis behalten und sie später der Reihe nach aufzählen. Wer hört am besten?

Und hier noch ein Ratespiel, bei dem es auf ein gutes Gehör ankommt:

Wer war denn das?

❀ Kassettenrecorder und Kassette

Eines der Kinder verläßt zunächst den Raum. Ein anderes spricht nun mit stark verstellter Stimme einen Satz auf's Band. Dann holen wir das Kind wieder herein. Es muß nun herausfinden, wer der Sprecher war. Gelingt ihm das, geht der erkannte Spieler hinaus. Wird falsch geraten, darf das Kind es ein zweites Mal versuchen.

Und nun wollen wir mal sehen, ob Onkel Paul etwas später immer noch den gleichen Schlips umhat.

Klamottentausch

Wir sitzen in einer Runde zusammen, betrachten genau die Kleidung unserer Mitspieler und versuchen uns zu merken, daß Patrick lila Strümpfe und Anne einen roten Rock anhat. Michi geht vor die Tür. Einige Mitspieler tauschen untereinander verschiedene Kleidungsstücke. Michi kommt wieder herein. Er probiert herauszufinden, wer wessen Sachen angezogen hat.

Auffällig und damit nicht besonders schwer zu erraten wird es natürlich, wenn Björn den Rock von Anne anzieht. Strümpfe tauschen ist unauffälliger ...

Wenn wir eine Weile nachdenken, fallen uns sicher noch mehr Spiele ein, bei denen Hören, Sehen, Fühlen, Schmecken und Riechen eine Rolle spielen.

Mir geht ein Licht auf

❀ Taschenlampen
❀ Kreise aus gelbem Papier oder gelber Pappe

Wir sitzen in einem Raum, in dem es dunkel ist. Jeder Spieler hat eine Taschenlampe. Der Spielleiter stellt Fragen: *Wie heißen die stinkenden, grunzenden Lebewesen?* Wer als erster darauf kommt, daß damit ja Schweine gemeint sein könnten, macht seine Taschenlampe an. Wem geht also zuerst ein Licht auf? Der bekommt natürlich einen ›Lichtpunkt‹.

Dann wird eine weitere Frage gestellt:

Wie wurde im Märchen der Frosch zum schönen Prinzen? Wir überlegen alle. Wenn plötzlich drei Taschenlampen genau gleichzeitig aufleuchten, dann bleibt uns nichts anderes übrig, als die nächste Frage zu stellen. Denn auch wenn sie alle die richtige Antwort wissen – einen ›Lichtpunkt‹ bekommt nur derjenige, der als erster seine Lampe anmacht und somit nachweist, daß er zuerst den Geistesblitz hatte.

Wer zum Schluß die meisten Punkte hat, ist Sieger.

Lustige Konzen-trationsspiele für fröhliche Runden

Wenn es draußen regnet –
das mag wohl niemand gern –,
dann sitz' ich vor der Glotze
und seh' sogar mal fern.
Doch schon nach einer Weile
find' ich das nicht mehr toll,
überleg' mir nun statt dessen,
was ich spielen soll.
Sei nicht stur, fang' schon an,
spiel mal was mit mir!
Glotzen, das macht keinen Spaß,
das finden nicht nur wir.

Diese Zeilen sind in Anlehnung an Klaus Hoffmanns schönes Kinderlied ›Spiel mal was mit mir‹ gedichtet worden. Wir singen das Lied nach einer Phantasiemelodie. Es ist für mich oft der motivierende ›Start-schuß‹ für Spielaktionen mit Familien auf Seminaren, für Spielstunden mit Kindergruppen und für den eigenen Spielspaß mit meinem Kind. Es ist sehr schön, in einer großen oder kleinen Runde zusammenzusitzen und in kunterbunter Reihenfolge verschiedene verrückte Blödel- und Konzentrationsspiele auszuprobieren. Wichtig ist, daß wir mit besonders lustigen Spielen beginnen, damit alle Kleinen und Großen so richtig in Fahrt kommen und spielerisch dann wirklich ›die Post abgeht!‹ Beginnen wir deshalb mit dem Spiel *Vorsicht, Piefke kommt!*

Vorsicht, Piefke kommt!

❀ irgendein Gegenstand, den man weiterreichen kann
❀ Radio oder Plattenspieler

Wir stehen im Kreis möglichst dicht beieinander. Ein Kuscheltier (oder ein anderer Gegenstand) wird von Kind zu Kind weitergegeben, während Musik läuft. Jeder versucht, das Tier (wir nennen es Piefke) schnell wieder loszuwerden, denn wenn die Musik stoppt, muß der Spieler ausscheiden, der Piefke gerade berührt.

Tips für Eltern
Wir müssen uns darauf einstellen, daß im Laufe des Spiels auch die ruhigsten Kinder vor Spannung und Aufregung quietschen und schreien. Um die Gemüter wieder etwas zu beruhigen, spielen wir deshalb als nächstes das lustige Löffel-spiel.

Lustiges Lirum-Larum-Löffelspiel

❀ einen Löffel weniger als Teilnehmer

Die Spieler hocken im Kreis auf dem Fußboden und haben die Hände auf dem Rücken. In der Mitte liegen die Löffel (einer weniger als Kinder teilnehmen), und zwar ebenfalls in einem Kreis. Der Spielleiter erzählt nun eine Geschichte, die so beginnen könnte:
Es war einmal eine Familie, die hieß Familie Löffel . . .

›Es war einmal eine Familie, die hieß Löffel . . .‹

Wenn die Teilnehmer das Wort *Löffel* hören, greifen sie rasch nach einem. Wer leer ausgeht, scheidet aus. Die Löffel werden erneut ausgelegt. Dabei nicht vergessen, einen wegzunehmen (oder auch zwei oder drei, je nach Größe der Gruppe)! Dann wird weitererzählt.

Die Familie entschloß sich an einem Sonntag, gemeinsam gemütlich essen zu gehen. Alle zogen sich schön an, nur der kleine Otto wollte seinen Schlafanzug anbehalten. »Wenn du nicht gleich etwas Vernünftiges anziehst, bekommst du welche hinter die Löffel!« sagte der Vater und wurde ganz böse. Aber Otto blieb stur. Oma sagte zu Otto: »Wir beide löffeln dann auch ein tolles Eis zum Nachtisch . . .« und konnte ihn damit überreden. Otto zog sich um, und alle stiegen ins Auto. Das Lokal hieß »Zum goldenen Löffel«. Es war sehr fein dort, und die Ober taten ziemlich vornehm. An einem Tisch saß eine dicke Frau mit einem roten Hund und ihr gegenüber ein dürrer Mann, der gerade seinen Löffel ableckte. Er guckte komisch, als die komplette Familie Löffel am Nebentisch Platz nahm. »Meine Güte«, sagte er zu seiner Frau, »so viele Kinder und dann noch ein Hund!« Das Essen wurde aufgetragen, und Vater wollte Mutter just ein Glas Wein einschenken, als der Hund Mopsi an der Tischdecke zerrte –

und das Chaos war perfekt. Die Teller flogen runter, die Gabeln, die Messer, die Gläser – und die Löffel. Der Ober kam angerannt – er war ganz furchtbar aufgeregt. Erst als Vater Löffel versprach, alles zu bezahlen, beruhigte er sich langsam. Der Vater gab ihm seine Adresse, und die Familie verließ das Lokal. Sie gingen schnurstracks zur nächsten Würstchenbude. Dort aßen sie leckere Bratwürstchen. Nur Mopsi bekam keine, er mußte zur Strafe zugucken . . .

Statt mit Löffeln kann man auch mit anderen Gegenständen spielen: mit Kastanien zum Beispiel, mit Kuscheltieren, Bausteinen und so weiter. Wichtig ist nur, daß sie alle gleich weit von den Spielern entfernt liegen. Außerdem sollten die Kinder die Hände auf dem Rücken haben und beim Zugreifen rücksichtsvoll miteinander umgehen. Und eine Geschichte zu erfinden, ist gar nicht so schwer. Sie darf ruhig lang, muß dann aber lustig und spannend sein.

Tips für Eltern
Beim Erzählen der Geschichte ist es wichtig, daß wir die Spannung ab und zu dadurch steigern, daß wir bewußt eine Weile das Wort **Löffel** *vermeiden. Wenn die Kinder dann durch den Inhalt der Geschichte abgelenkt sind, kann man – für die Mitspieler unerwartet – das Wort wieder einbauen. So macht das Spiel Laune!*

Postkutsche

❀ Tuch

Wir bilden sitzend einen Kreis. Ein Kind sitzt mit verbundenen Augen in der Mitte. Jeder Spieler wählt den Namen einer Stadt und sagt ihn laut. Das Kind in der Mitte spielt nun Postkutscher. Es ruft: *Die Postkutsche fährt von Buxtehude nach Speckenbüttel. Alle einsteigen!* Die beiden Spieler, die diese Namen tragen, müssen nun schnellstens ihre Plätze tauschen. Dabei versucht der ›Postkutscher‹, einen von ihnen zu fangen. Dieses Kind darf nun seinerseits ›Postkutscher‹ sein.

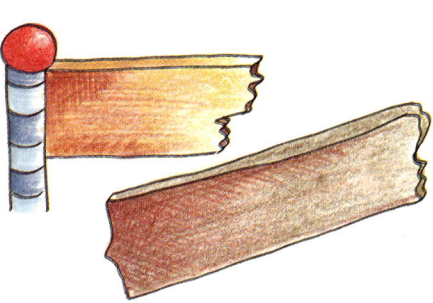

Jetzt geht die Fahrt weiter von Entenhausen nach Knödelheim. Fällt es dem Kind in der Mitte schwer, sich all die Städtenamen zu merken, dann bekommt es Hilfe von den Erwachsenen, die sich deshalb die Namen vielleicht notieren sollten.

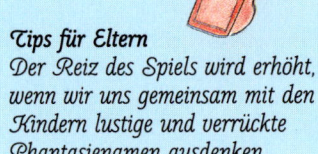

Tips für Eltern
Der Reiz des Spiels wird erhöht, wenn wir uns gemeinsam mit den Kindern lustige und verrückte Phantasienamen ausdenken.

Der wandernde Ring

❀ eine Schnur, deren Länge nach der Anzahl der Spieler bemessen wird
❀ Ring

Bevor wir die Schnur an den Enden zusammenknoten, fädeln wir den Ring auf. Die Kinder sitzen im Kreis und halten die Schnur auf ihrem Schoß. Der Ring wird beim Singen des folgenden Liedes möglichst unauffällig von Faust zu Faust weiter- oder auch wieder zurückgeschoben.

»Ringlein, Ringlein, du mußt wandern von der einen Hand zur andern. Oh, wie schön, oh, wie schön ist das Ringlein anzusehn.«

Ein in der Mitte sitzendes Kind versucht herauszufinden, wo sich der Ring gerade befindet. Hat es einen Verdacht, ruft es *Stop!* Bestätigt sich seine Vermutung, so muß nun das Kind Detektiv spielen, bei dem sich der Ring befand.

Der Onkel aus Phantasia

- ❀ diverse Haushaltsgegenstände (zum Beispiel Seifenstück, Wischtuch, Nagelbürste, Schwamm)
- ❀ Bananenschale
- ❀ Bindfaden

Das Zimmer ist dunkel. Nur ein kleines Licht brennt; vielleicht ein Teelicht auf dem Tisch, um den wir herumsitzen. Unsere Hände sind unter dem Tisch. Ein Kind spielt den Onkel aus Phantasia. Dieser hat ungefähr 10 Minuten Zeit, mehrere Haushaltsgegenstände zusammenzusuchen und in einen Korb zu tun.

Der Onkel erzählt nun eine Geschichte über seine Abenteuer in dem phantastischen Land. Dort ereignen sich merkwürdige Dinge: Es begegnen ihm zum Beispiel Stachelschweine. (In diesem Augenblick wird die Nagelbürste unter dem Tisch von Hand zu Hand gereicht. Nicht fallen lassen – und wenn das Geschrei noch so groß ist! Die Bürste muß wieder beim Onkel ankommen.) Glitschige Zauberschlangen laufen ihm über den Weg. (Jetzt ist die Bananenschale dran.) Eine Fledermaus (dünner Seidenstoff) fliegt an ihm vorbei, und dann wird er noch beim Durchqueren eines dunklen Gewässers von einer Qualle (feuchtes Seifenstück) gestreift ...

Im Laufe der Geschichte verwandeln sich so alle Gegenstände in Zauberwesen, die das Land Phantasia bevölkern. Der Phantasie sind dabei wirklich keine Grenzen gesetzt!

Der Onkel aus Phantasia erzählt uns merkwürdige Geschichten über das Land, aus dem er kommt

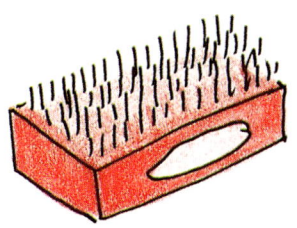

Tips für Eltern
Für das Spiel ist es wichtig, daß wir eine Atmosphäre der Ruhe und Konzentration schaffen. Beim ersten Durchgang sollte zunächst ein Erwachsener die Rolle des Onkels übernehmen. Wenn sich die Kinder erst einmal in das Spiel »eingefühlt« und dessen Ablauf verstanden haben, kann auch ein Kind in diese Rolle schlüpfen. Dafür suchen wir dann neue Gegenstände, oder wir erfinden zu den alten eine neue Geschichte.

> Ißt du gerne Spiegeleier?

Das Spiel vom Ungeheuer, das keiner kennt

✿ zwei Decken

Zwei Kinder werden vor die Tür geschickt. Von ihnen kommt eins mit einer Decke verhüllt wieder in den Raum und kriecht auf Händen und Füßen im Kreis herum. Die Kinder wissen nun nicht, welches von beiden es ist. Das zweite Kind muß während des Spiels leider draußen bleiben. Der Spielleiter erzählt währenddessen zur Einstimmung die Geschichte von dem Ungeheuer, das seinen Namen vergessen hat. Dieses Ungeheuer ist in Wirklichkeit aber ein verzauberter Mensch. Es gibt nur eine Möglichkeit, es wieder in seine ursprüngliche Gestalt zurückzuver-wandeln: Die Kinder müssen gemeinsam versuchen, durch Fragen das Kind unter der Decke zu identifizieren. Sie können unter anderem nach Eigenschaften, Vorlieben und äußerer Erscheinung fragen, zum Beispiel: *Ungeheuer, ißt du gerne Spiegeleier?, Spielst du gerne mit Autos?, Hast du dunkle Haare?* Das geht so lange weiter, bis ein Kind meint, erraten zu haben, wer unter der Decke steckt.

Das ›Ungeheuer‹ darf als Antwort nur bejahend nicken oder verneinend den Kopf schütteln. Hat das Kind richtig geraten, darf es Zauberer spielen und das ›Ungeheuer‹ wieder zurück-verwandeln (das heißt, die Decke fortnehmen). Dann darf es ein anderes Kind bestimmen, das vor die Tür geht. Nun kann neu ›verzaubert‹ werden, und wieder erscheint eins von den beiden Kindern ... Liegt der Ratende mit seiner Vermutung falsch, geht das Spiel weiter.

Tips für Eltern
Bei diesem Spiel sollten die Kinder darauf hingewiesen werden, daß sie nur Fragen zur Person, aber nicht zum Namen (»Heißt du Inge?« »Hast du einen langen Namen?« etc.) stellen dürfen.

Robotergeschichte

Man sollte die Kinder zunächst mit einer passenden Geschichte auf das Spiel einstimmen.

Wir gehen durch den Raum und ahmen mit unseren Bewegungen Roboter nach. Drei Kinder werden zu Roboterdetektiven ernannt. Den restlichen ›Robotern‹ flüstert der Spielleiter Befehle ins Ohr. Dabei erhalten – je nach Anzahl der Teilnehmer – jeweils zwei oder drei denselben. Diese Anweisungen setzen sie pantomimisch in Aktion um. Es können auch Sätze ›eingegeben‹ werden, die dann in abgehackter Sprechweise von den ›Robotern‹ pausenlos wiederholt werden.

Aufgabe der ›Detektive‹ ist es nun herauszufinden, welche ›Roboter‹ dieselben Befehle erhalten haben. Sind sie gemeinsam zu einem Schluß gekommen, teilen sie die ›Roboter‹ in Gruppen auf. Nun wird sich herausstellen, ob es sich um ›Meisterdetektive‹ oder bloß um ›Lehrlinge‹ handelt. Auf ein Zeichen hin führen jetzt die ›Roboter‹ einer Gruppe ihre Befehle aus. Tanzt dabei einer aus der Reihe, werden die

›Detektive‹ sofort aus dem Dienst entlassen. Aber sie können sich trösten: Manchmal ist es wirklich nicht leicht zu erkennen, ob zwei Kinder ein und dieselbe Bewegung machen. Haben die ›Detektive‹ die Gruppen richtig gebildet, müssen die Kinder ihrerseits versuchen, ihre Befehle synchron auszuführen.

Geheimnisvolle Zauberei

❀ Zauberstab
❀ eventuell ein Plattenspieler oder ein Kassettenrecorder

Die Kinder verteilen sich im Zimmer. Sie laufen durcheinander, gehen kreuz und quer durch den Raum. Dann kommt der ›Zauberer‹ herein. Er schleicht zwischen den Kindern umher. Nacheinander berührt er alle mit seinem Zauberstab. Jedem, den er antippt, flüstert er ins Ohr, in welche Figur er sich nun langsam verwandeln wird. Zunächst aber muß derjenige auf der Stelle erstarren.

Nachdem alle ›verzaubert‹ worden sind, lockt der ›Zauberer‹ einzelne Kinder auf seine ›Zauberwiese‹. Dort beginnt nun ihre Verwandlung, und sie müssen pantomimisch vorführen, wer sie jetzt sind. Erraten es die Zuschauer, dann ist das entsprechende Kind wieder ›entzaubert‹. Sind alle von ihrem Bann erlöst, beginnt das Spiel mit einem anderen ›Zauberer‹ von vorn.

Wenn der Zauberer den Raum betritt, kann man passende Musik dazu spielen. Will man die Spannung noch weiter steigern, dann läßt man sie jeweils immer dann abbrechen, wenn ein Kind verzaubert wird.

Unsinnsspiel

✿ mehrere kleine Bonbons
✿ Schüsseln
✿ Muggelsteine (im Spielzeuggeschäft erhältlich; als Ersatz auch in unterschiedlichen Farben bemalte kleine Steine)

Ein Kind sitzt mit der Schüssel, den Bonbons und den Steinen in der Mitte. Der Spielleiter erzählt eine Geschichte, in die er von Zeit zu Zeit Unwahrheiten einfließen läßt. Die Kinder müssen nun gemeinsam entscheiden, ob das, was gerade berichtet wird, richtig oder falsch ist. Entscheiden sie sich für ›richtig‹, so kommt ein Bonbon in die Schüssel; bei ›falsch‹ statt dessen ein Stein. Dem in der Mitte sitzenden Kind wird jedesmal von der Gruppe mitgeteilt, was es in die Schüssel hineintun soll. Dafür verabredet man vor Spielbeginn bestimmte Zeichen, denn es darf nicht geredet werden. Oder die Kinder müssen sich während des Spiels mit Gestik und Mimik untereinander verständigen.
Ist die Geschichte zu Ende erzählt, vergleicht der Spielleiter den Inhalt der Schüssel der Kinder mit dem seiner eigenen. In sie hat er nämlich vor dem Spiel die richtige Anzahl Bonbons und Steine hineingelegt. Weichen die Zahlen nicht zu weit voneinander ab, werden die Bonbons an alle verteilt.
Nun ein Beispiel für eine Geschichte:

Einmal hatte Opa Joseph einen Traum. Er träumte davon, daß sich sein Wecker und sein Bett unterhielten. Das Bett sagte: »Du, Wecker, klingelst du morgen wieder?« Der Wecker antwortete: »Na klar, Opa Joseph muß doch früh aufstehen, er muß die Tiere im Stall versorgen. Er muß dafür sorgen, daß die Schweine Eier legen, die Hühner Milch geben, die Kühe Apfelsaft trinken…« »Ach was«, sagte das Bett, »laß doch den Opa schlafen. Der ärgert sich doch nur, wenn er aufstehen muß. Es ist immer so schön warm, wenn er in mir drinliegt.« »Na gut«, sagte der Wecker. »Ich werde nicht klingeln.«
Und so schlief der Opa lange, bis es plötzlich klopfte. Tante Agate stand mit einer Tomate in der Tür. Sie bellte ganz laut: »Du spinnst wohl, so lange zu schlafen!« rief sie. »Ich werfe dir gleich die Tomate an den Kopf, wenn du nicht aufstehst. Die Hühner wollen Eier legen, die Kuh will Milch geben, und die Schweine wollen Radio hören. Die Tiere warten alle auf dich.«
Da stand der Opa auf. Er putzte seine Nase mit Zahnpasta und zog seine Schuhe an. Bevor er in den Stall ging, machte er sich noch ein Brot mit Schuhcreme. Die Tiere lachten alle, als der Opa in den Stall kam. Weil sie so lange warten mußten, hatten sie sich Witze erzählt und viel Spaß gehabt. Es war also gar nicht so schlimm, daß der Opa einmal später aufgestanden war.

Variante: Man kann das Spiel auch so gestalten, daß jedes Kind eine eigene Schüssel vor sich hat. Am Ende können dann die Kinder untereinander die Anzahl der Steine und der Bonbons vergleichen.

Tierchaos

✿ auf Pappe geklebte Tierbilder (jedes Tier mehrmals)

Jeder zieht ein Bild. Auf ein Zeichen hin werden die Laute und die Bewegungen des jeweiligen Tieres nachgeahmt. Es geht nun darum, die Artgenossen zu finden. Der Spielleiter kann dazu – falls es der ›Tierlärm‹ zuläßt – eine Geschichte erzählen, etwa über das Leben von Tieren in freier Wildbahn und deren Gefährdung durch Wilderer und profitgierige Tierfänger. Gelänge es aber einer Gruppe von Tieren, sich zusammenzutun, dann entkämen sie den Fängern meist mühelos – denn im Rudel seien sie stark.

Wickelautorennen

❀ eine kleine Pappschachtel pro Mitspieler
❀ Bindfäden
❀ kleine Holzstäbchen oder Bleistifte
❀ Bonbons

An die Schmalseite jeder Pappschachtel knoten wir jeweils einen Bindfaden. Die Fäden, die gleich lang sein sollen, werden mit ihrem anderen Ende an den Holzstäbchen befestigt. In die Schachteln legen wir Bonbons. Nach dem Startzeichen wickeln die Spieler die Fäden so schnell wie möglich um ihre Stäbchen und ziehen so die ›Autos‹ immer näher zu sich heran. Das spannende Rennen wird von einem ›Reporter‹ (Spielleiter) kommentiert, der rasante Kurventechniken, gewagte Überholmanöver und Beinaheunfälle beschreibt. Dabei sollte von jedem ›Rennfahrer‹ einmal die Rede sein.

Schatzsuche

❀ Karton
❀ Goldpapier
❀ Klebstoff
❀ Goldtaler aus Schokolade
❀ Papier
❀ Stift
❀ Schere
❀ Briefumschläge

Zunächst bekleben wir den Karton mit Goldpapier – fertig ist unsere Schatztruhe! Die füllen wir nun mit den Goldtalern, und der Spielleiter ›vergräbt‹ sie – unbeobachtet von den Kindern – irgendwo im Zimmer.

Dann fertigt er einen möglichst einfachen Lageplan an, den er in so viele Teile zerschneidet, wie Mitspieler vorhanden sind. Alle Teile kommen einzeln in Briefumschläge, die gut sichtbar aufgehängt werden.

Währenddessen erzählt der Spielleiter die Geschichte vom geheimnisvollen vergrabenen Schatz.

Nun holt sich jedes Kind einen Briefumschlag. Dann müssen alle gemeinsam versuchen, die Schatzkarte mit der Wegbeschreibung zusammenzulegen. Ist dieses schwierige Stück Arbeit geschafft, geht die Suche nach dem Schatz los. Ist er gefunden, wird er natürlich gerecht aufgeteilt.

Dschungelpartner

- viele Bilder von Tieren, die im Dschungel leben
- Stecknadeln (oder besser: Sicherheitsnadeln)

Der Hälfte der Kinder wird ein Bild auf dem Rücken befestigt. Keiner weiß, um welches Tier es sich dabei handelt. Zu Beginn erzählt der Spielleiter vom Leben im Dschungel. Dabei kommt er auch auf die verschiedenen Tierlaute und Geräusche zu sprechen, die dort zu hören sind.

Jeweils ein Kind mit und eins ohne Bild stellen sich zusammen. Letzteres muß nun versuchen, seinem Partner zu erklären, welches ›Tier‹ dieser ist. Dabei darf natürlich nicht geredet werden. Nach einer gewissen Zeit läßt sich der Spielleiter die ›Tiere‹ vorführen. Zum Abschluß des Spiels brüllen alle Paare noch einmal kräftig durcheinander, so daß der ganze Dschungel vor Furcht erzittert.

Das Spiel kann beliebig variiert werden: mit den Tieren, die im Zoo leben, die einen Bauernhof bevölkern oder mit denen, die in unseren Wäldern zu Hause sind.

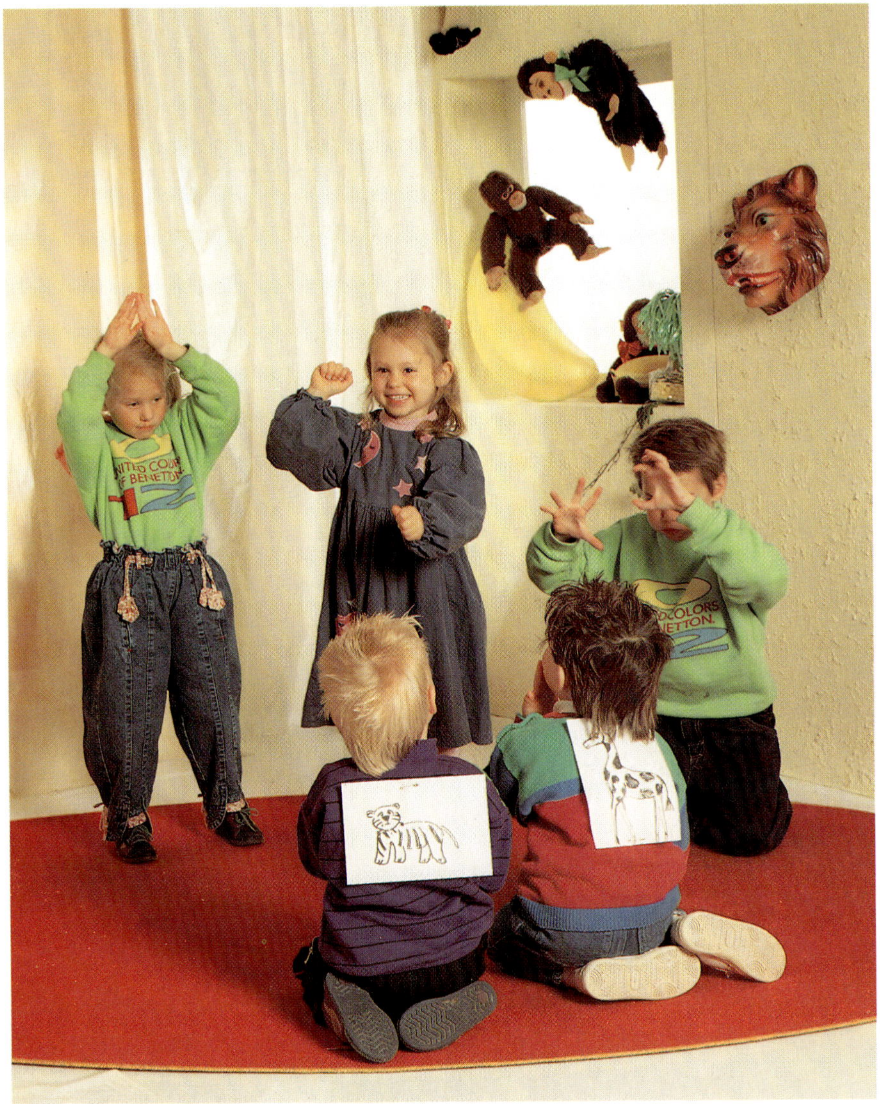

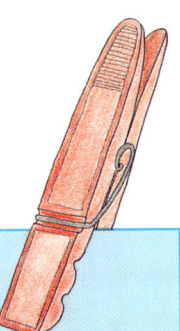

›Bedeuten die Hände über dem Kopf etwa, daß ich eine Giraffe bin?‹

Tips für Eltern
Die Tiere müssen den Kleinen vorher bekannt sein. Deshalb sollte man sich erst einmal mit ihnen über sie unterhalten oder die Tiere beim Erzählen der Einleitungsgeschichte etwas näher beschreiben.

Bilderlegen

- vier etwa 50 cm lange Kordeln pro Spielteilnehmer

Wer Geduld und Phantasie hat, dem wird es Spaß machen, mit Kordeln unterschiedliche Motive zu legen.

Eines der Kinder schlägt etwas vor, beispielsweise ›Boot im Sonnenuntergang‹, ›Elefant im Zirkus‹ oder ›Frau mit Kleid‹. Wer dieses Thema am besten umsetzen konnte, darf die neue Aufgabe stellen. Noch schwieriger wird es, wenn nur zwei Kordeln verwendet werden dürfen.

Wo ist der Wecker?

✿ laut tickender Wecker

Alle verlassen den Raum. Jemand versteckt einen laut tickenden Wecker. Bei den ganz Kleinen sollte der Wecker auf eine Untertasse gestellt werden, damit man ihn noch besser hört. Die Kinder kommen wieder herein und suchen ihn. Wurde er gefunden, verraten sie nicht wo, sondern setzen sich nacheinander leise auf den Fußboden. Das Kind, das als letztes noch steht, darf zum Trost den Wecker für die nächste Runde verstecken.

Elektriker

An diesem Spiel sollten mindestens sechs Kinder teilnehmen. Drei werden vor die Tür geschickt. Sie spielen Elektriker. Mit den anderen einigen wir uns auf einen Gegenstand im Raum oder auf eine Person. Berührt der ›Elektriker‹ später dieses Objekt oder diesen Mitspieler, kreischen wir alle laut.

Nun wird das erste Kind hereingerufen. Wir alle machen leise . . . *sssss* . . . , um die Spannung im Raum noch zu verstärken. Dem ›Elektriker‹ erzählen wir: *Der ganze Raum steht unter Strom. Das kannst du ja auch hören. Leider gibt es einen Fehler in der Stromleitung. Du bist der Elektriker und mußt ihn finden.* Das Kind beginnt, die Gegenstände und Personen vorsichtig nacheinander abzutasten, während die anderen weitersummen. Die Spannung steigt natürlich, wenn sich der ›Elektriker‹ dem Objekt nähert. Berührt er es, kreischen alle Kinder kurz (!) auf. Der ›Elektriker‹ ist von dem ›Stromschlag‹ ganz benommen, und die erste Runde ist damit vorbei. Ein neues Objekt wird bestimmt, und das nächste Kind kommt herein.

Auch beim nächsten Spiel herrscht im Raum eine große Spannung. Diesmal wird nicht ein Fehler in der ›elektrischen Leitung‹ gesucht, sondern ein tickender Wecker.

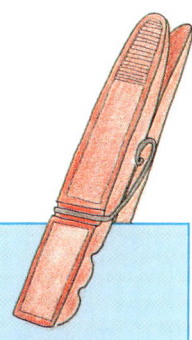

Ein altes, immer noch sehr beliebtes Spiel, das gern im Kreis gespielt wird, ist das ›Flaschendrehen‹.

Flaschendrehen

❀ Flasche

Die Kinder sitzen im Kreis. Eines nimmt die Flasche und stellt, bevor es sie zum Drehen bringt, eine Aufgabe, zum Beispiel hüpfen, klatschen, zählen, singen, etwas holen. Das Kind, auf das die Flaschenöffnung nach dem Drehen zeigt, muß der Anweisung folgen und darf danach seinerseits eine Aufgabe stellen.

Erste Variante: Zu Beginn des Spiels tun die Kinder so, als seien sie versteinerte Figuren: Sie sitzen da, ohne sich zu bewegen. Das Kind, auf das die Flasche nach dem Drehen zeigt, darf sich wieder bewegen und als nächstes drehen.
Für die *zweite Variante* benötigen wir einige lustig aussehende Süßigkeiten wie weiße Mäuse, Lakritzschnecken oder Fruchtgummis.
Hier ist der Spielablauf genau umgekehrt. Zunächst bestimmt man für die erste Runde einen ›Flaschendreher‹, der sich in die Mitte des Kreises stellt. Alle anderen Mitspieler bleiben auf ihrem Platz, bewegen sich aber auf der Stelle. Das Kind, auf das der Flaschenkopf nach dem Drehen der Flasche zeigt, darf sich nicht mehr bewegen. Es bekommt vom ›Flaschendreher‹ ein Stück der Süßigkeiten in den Mund gesteckt. Die

Nascherei schaut aber noch heraus und darf erst dann aufgegessen werden, wenn alle Kinder etwas zu naschen haben.

Wenn wir etwas überlegen, fallen uns bestimmt noch mehr Varianten zum Flaschendrehen ein.

Ein anderes altbekanntes, beliebtes Spiel heißt ›Armer schwarzer Kater‹. Wir können es für die Kinder noch interessanter gestalten, indem wir es etwas verändern. Hauptperson ist nun ein lustiger Clown.
Für das Verkleiden bereiten wir verschiedene Utensilien vor, die wir in einer Kiste oder einem Karton aufbewahren:

❀ aus Eierkartons gebastelte und bemalte Pappnasen
❀ Hüte (siehe nachfolgende Anleitung)
❀ mit Stoffarbe bedruckte oder bemalte alte Hemden und T-Shirts der Erwachsenen
❀ Clownschminke
❀ Ringelpullis
❀ Handspiegel

Und so werden die vier unterschiedlichen Hüte gebastelt:
Für **Modell 1, 2 und 3** schneidet man die Teile wie abgebildet aus dünner, farbiger Pappe aus und klebt sie an

den gezackten Rändern zusammen. Für **Modell 4** schneidet man aus Stoff zwei identische Teile zu und näht sie an der gestrichelten Linie zusammen.
Einen noch einfacheren Clownhut kann man basteln, wenn man der Anleitung auf Seite 92 folgt.

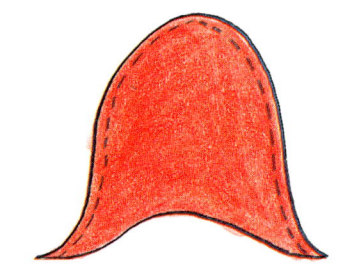

Komischer Clown

❀ Utensilien zum Verkleiden

Die Kinder sitzen im Kreis. Die Kiste mit den Sachen zum Verkleiden steht in der Mitte. Es wird abgezählt oder gelost, wer Clown sein darf, denn erfahrungsgemäß ist der Ansturm auf diese Rolle sehr groß. Das ausgeloste Kind darf sich nun ein buntes Hemd, einen Ringelpulli oder ein anderes lustiges Kleidungsstück aussuchen und verkleidet sich damit. Auch einen Hut sucht es sich aus. Mit der Schminke geht der Clown nun zu einigen sitzenden Kindern und läßt sich von ihnen das Gesicht bemalen. So, jetzt kann es losgehen: Der Clown stellt sich vor eines der Kinder und macht Faxen. Alle anderen dürfen lachen, nur dieses Kind nicht. Es sagt ernst zum Clown:
Clown, du kannst ruhig Faxen machen!
Mich, mich bringst du nicht zum Lachen!

Schafft es das Kind, nicht zu lachen, darf es in der nächsten Runde der Clown sein.

Lustig ist es auch, wenn wir für alle Mitspieler Sachen zum Verkleiden im Karton haben. Dann sitzen zum Schluß lauter bunte Clowns im Kreis. Warum sollen Kinder eigentlich nur im Fasching diesen famosen Spaß haben dürfen?

Ob der Clown wohl auch noch das dritte Kind zum Lachen bringt?

Schwindellied

Ungewöhnliche Dinge passieren in dem folgenden Lied. Wer sie nicht glaubt, macht einfach ein erstauntes Gesicht.
Zunächst möchte ich das Lied vorstellen, dann folgt eine Idee für ein Schwindelspiel. Das Lied kann zu der Melodie des bekannten Liedes *Brüderlein, komm, tanz mit mir* gesungen werden.

*Ein Dieb kam heut um Mitternacht
und hat sogar was mitgebracht!
Das glaubt ihr nicht?
Das glaubt ihr nicht?
Dann macht ein dämliches Gesicht!*

*Ein Räuber fing einen Polizist',
der hockte auf dem Hühnermist.
Das glaubt ihr nicht?
Das glaubt ihr nicht?
Dann macht ein dämliches Gesicht.*

*Der Postbote, der Hermann heißt,
jeden Hund in die Waden beißt.
Das glaubt . . .*

*Und unsere gute Tante Lisa
reitet auf 'nem Floh nach Pisa.
Das glaubt . . .*

*Der Rasenmäher, in der Tat,
der schnippelt heut Kartoffelsalat.
Das glaubt . . .*

*Der Eisprinz, ja, das ist der Clou,
der tanzt Rock 'n' Roll im Gummischuh.
Das glaubt . . .*

*Der Schaffner, der weiß es genau,
mit Fahrkarten spielt man Mau-Mau.
Das glaubt . . .*

*Bellos Herrchen hat 'ne Macke,
backt den Sonntagskuchen aus Hundekacke.
Das glaubt . . .*

Ja, es gibt Dinge, die kann man einfach nicht glauben! Vielleicht haben wir ja nach dem folgenden Spiel dann noch Lust, uns eine Schwindelgeschichte auszudenken:

Die Pfeife

❀ Trillerpfeife mit Kordel
❀ Tuch

Einem Spielteilnehmer werden die Augen verbunden. Dann hängen wir ihm eine Pfeife um, ohne daß er es merkt. Wir stellen ihm die Aufgabe herauszufinden, wo eine Pfeife versteckt ist. Ab und zu schleicht sich ein Kind aus dem Kreis an ihn heran und bläst in die Pfeife hinein. Der Spieler wird sich nun auf das nächstbeste Kind stürzen. Aber dort findet er sie natürlich nicht. Es dauert sicher eine ganze Weile, bis er entdeckt, daß er sie selbst umhängen hat.

›Haichnuupen‹ – eine merkwürdige Krankheit! Wer kann dies Genuschel verstehen?

Schwindelei

✿ Pfennigstücke

Jeder bekommt einen Pfennig. Ein Kind beginnt mit einigen ›Schwindel-sätzen‹, zum Beispiel:

Heute morgen aß ich gerade ein buntes Brötchen, da hörte ich ein Geräusch. Das war das Motorrad meiner Oma: Sie übte gerade im Hühnerstall Motorradfahren. Mein Opa probierte im Hof seine neuen Rollschuhe aus.

Jedes Kind muß drei solche Sätze sagen. Gelingt ihm das nicht, muß es einen ›Quatschpfennig‹ abgeben. Wer zum Schluß noch seinen Pfennig hat, der gewinnt.

Meine Oma ist krank

✿ Salzstangen oder Streichhölzer

Wir sitzen im Kreis oder nebeneinander in einer Reihe. Die Salzstangen werden in je drei Teile gebrochen. Jedes Kind bekommt ein Stück. Dann denken sich alle eine Krankheit aus und flüstern sie ihrem rechten Nachbarn ins Ohr. Merken muß sich jeder die ihm zugeflüsterte Krankheit.
Ein Kind beginnt und steckt sich das Salzstangenstück aufrecht (vertikal) zwischen die vorderen Zähne. Dann spricht es – natürlich mit einer etwas veränderten Aussprache – seinen rechten Nachbarn an: *Du, meine Oma ist krank!* Das zweite Kind antwortet, ebenfalls mit einem Stück Salzstange zwischen den Zähnen: *Nanu, was hat sie denn?* Das erste Kind nennt die Krankheit, die ihm ins Ohr geflüstert wurde, zum Beispiel *Heuschnupfen*. Das zweite Kind versucht das Wort nachzusprechen. Hat es nichts verstanden, fragt es noch einmal: *Was hat sie?* Das erste Kind wiederholt den Namen der Krankheit nun so lange, bis das zweite Kind ihn nachsprechen kann. Es können auch Beschreibungen der Krankheit folgen. Aber immer schön mit der Salzstange zwischen den Zähnen! Normal reden kann ja jeder! Wurde der Name der Krankheit richtig wiedergegeben, so geht es weiter: *Meine Oma ist krank! Was hat sie denn?* Vielleicht diesmal Hustenanfälle?
Das Spiel ist zu Ende, wenn jeder einmal an der Reihe war. Den Reiz von ›Oma ist krank‹ werden wir erst entdecken, wenn wir uns auf das Spiel eingelassen haben. Beim ersten Lesen wirkt es vielleicht nicht besonders spannend. Aber wir haben hierbei zusätzlich die Möglichkeit, außerhalb der durch die Spielregeln festgelegten Kommunikation herrlich herumzublödeln.

Tiere im Dunkeln

❀ Filzstifte
❀ Pappe
❀ Zeitschriften
❀ Klebstoff
❀ Schere

Wir malen jeweils zwei gleiche Tiere auf zwei Pappkarten, (Hunde, Katzen, Vögel, Mäuse, Schweine, Esel, Hähne, Tiger). Statt sie aufzumalen, können wir sie auch aus Zeitschriften ausschneiden. Finden wir dabei zum Beispiel nur eine Katze, müssen wir das Bild fotokopieren, damit jedes Tier doppelt vorkommt.

Die Karten werden gemischt. Dann zieht jedes Kind eine Karte. Wir löschen das Licht. Im Dunkeln macht jeder das Tier nach, das er gezogen hat. Ein wildes Grunzen, Quieken, Miauen, Gackern und Bellen ertönt. Wir begeben uns auf die Suche nach unserem Artgenossen. Haben sich die Paare gefunden, so dürfen sie sich neben den Spielleiter setzen. Ob wohl Esel übrigbleiben?

Nach dem etwas lauten Tierspiel haben wir jetzt vielleicht Lust auf ein ruhigeres Spiel mit geregeltem Ablauf.

Tips für Eltern

Man muß unbedingt darauf achten, daß die Teilnehmerzahl gerade ist und nur Kartenpaare im Spiel sind. Nie werde ich vergessen, wie einmal eine »Schlange« mutterseelenallein durch den dunklen Raum zischte, ohne ihren Artgenossen zu finden. Bis mir einfiel, daß die zweite Schlangenkarte nicht vergeben wurde.

Ich bin der Mond und du der Stern!

❀ zwei Stühle mehr als Spielteilnehmer

Bei diesem Spiel sollten mindestens sechs Kinder mitmachen. Bis auf eins sitzen sie alle auf Stühlen in einem Kreis. In der Mitte stehen drei Stühle, wobei auf einem ein Kind sitzt. Es sagt zum Beispiel: *Ich bin das Gewitter.* Ein Kind aus dem Kreis, dem dazu etwas Passendes einfällt, setzt sich auf einen der freien Stühle und sagt vielleicht: *Ich bin der Blitz!* Ein anderes eilt zum zweiten freien Stuhl und ergänzt: *Ich bin der Donner!* Das ›Gewitterkind‹ darf sich nun für eins von beiden entscheiden: *Ich nehme den Donner!* Dabei legt es den Arm um den ›Donner‹ und setzt sich mit ihm zurück in den Stuhlkreis. Das ›Blitzkind‹ darf sich nun etwas Neues ausdenken, zum Beispiel: *Ich bin die Feuerwehr!* Mal sehen, wer sich jetzt so alles daneben setzt – das ›Wasser‹, der ›Schlauch‹, das ›Feuerwehrauto‹, der ›Brand‹ oder das ›Tatütata‹? Und vor allem: Wem gibt die ›Feuerwehr‹ den Vorzug? Das Spiel ist zu Ende, wenn die Kinder keine Lust mehr haben.

Bello, dein Knochen ist weg!

❀ Süßigkeiten, Knabbergebäck oder Bausteine (als ›Hundeknochen‹)

Die Kinder sitzen im Kreis. Eins darf Bello, den Hund, spielen: Es kniet sich in die Mitte, hält die Hände vors Gesicht und hat den Kopf am Boden. Wir legen einen ›Knochen‹ auf Bellos Rücken. Der Spielleiter bestimmt nun per Fingerzeig, wer dem Hund den Knochen wegnehmen soll. Dies wird ausgeführt, und der geklaute Knochen wird in der Hand versteckt. Alle haben die Hände auf dem Rücken, natürlich auch der Knochenklauer. Bello bewegt sich von Kind zu Kind, bellt jedes an und bittet es, die Hände vorzuzeigen. Er hört erst auf zu bellen, wenn er den Knochen entdeckt hat. Bello darf sich setzen und ihn mit Genuß auffressen. Das nächste Kind wird zum Hund ernannt, und der alte Bello darf sich in die Runde setzen. *Wau, wau* – das Spiel geht weiter. Wie lange? Na, bis jedes Kind einen Knochen bekommen hat.

Kinder lieben dieses Spiel. Erwachsene müssen sich in Geduld üben und können sich vielleicht mit dem Spruch trösten: *Hunde, die bellen, beißen nicht.* Was in diesem Fall heißt: Kinder, die beschäftigt sind, quengeln nicht und machen keinen Blödsinn. Opa kann endlich seine Pfeife rauchen, ohne daraus vorher ein Kaugummi entfernen zu müssen, und Mutter kann in Ruhe kochen, ohne daß Oliver ihr mit dem Tretauto über die Füße fährt.

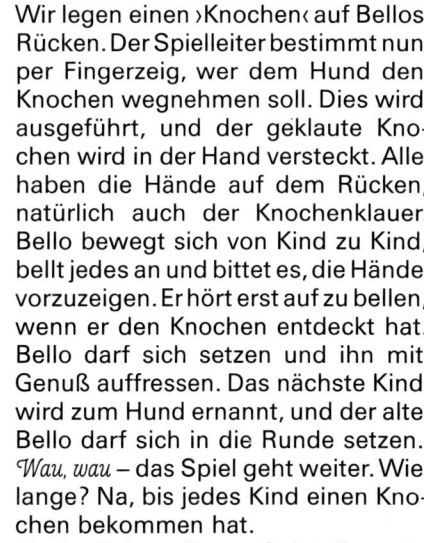

Hat Tine die Apfelsine?

❀ Apfelsine (oder Kartoffel; dann heißt das Spiel eben: Hat Stoffel die Kartoffel?)

Die Kinder sitzen dicht beieinander im Kreis. Die Hände haben sie auf dem Rücken, und sie geben unauffällig eine Apfelsine weiter. Ein Kind steht in der Mitte und beobachtet aufmerksam die Aktion. Ahnt es, wo die Apfelsine gerade steckt, ruft es zum Beispiel: *Halt! Hat Tine die Apfelsine?* ›Tine‹ zeigt die Hände her. Hat sie die Frucht nicht, muß das Kind weiterraten. (Aber die Apfelsine einfach fallen zu lassen, gilt nicht!) Wird ein Kind bei Berührung der Apfelsine ertappt, muß es den ›Apfelsinendetektiv‹ ablösen. Wenn das Spiel langweilig wird, gibt es Apfelsinensaft (oder Kartoffelsuppe!) für alle.

Würdest du gerne mit Alf knutschen? Ja oder nein

❀ Karten aus roter und schwarzer Pappe
❀ Korken
❀ Flaschenverschlüsse
❀ Knöpfe

Jedes Kind hat eine rote und eine schwarze Karte. In der Mitte sitzt der Spieler, der sich befragen lassen möchte. Ringsherum hocken die Befrager. Sie stellen nacheinander ihre neugierigen Fragen, zum Beispiel: *Hast du in der letzten Zeit einmal in die Hosen gemacht? – Ißt du gerne Wackelpudding? – Würdest du im Nachthemd deiner Schwester Brötchen holen, wenn du zehn Eis dafür bekämst?*

Es darf jedesmal nur eine Frage gestellt werden. Während das Kind sich die Antwort überlegt, äußern die Mitspieler Vermutungen darüber, wie sie wohl ausfallen wird. Glauben sie, daß das Kind mit *Ja* antwortet, so heben sie die rote Karte hoch. Vermuten sie ein *Nein*, dann halten sie die schwarze Karte hoch. Anschließend darf dann das befragte Kind seine Antwort geben. Alle Kinder, die richtig geraten haben, bekommen eine kleine Kostbarkeit aus unserer Sammlung: einen Korken, einen Knopf oder vielleicht einen Stein. Wer zum Schluß die meisten hat, ist Sieger.

Wir können das Spiel auch etwas abwandeln und Wetten einbauen:

Wetten, daß Oma Rock 'n' Roll tanzt?

Nehmen wir an, wir sitzen mit der Familie oder in der Kindergruppe gemütlich zusammen. Wir teilen die Personen in zwei Mannschaften auf. Jede denkt sich jetzt für die Gegenpartei Wetten aus, zum Beispiel: *Wetten, daß Oma und Opa es nicht schaffen, ein Liebespaar auf der Parkbank zu spielen?* Oder: *Wetten, daß Tante Grete und Onkel Horst keine drei Kinderlieder auf dem Kamm blasen können?* Vielleicht bringen wir auch Papa und Mama zum Weitspukken – tun sie es nicht, erhält ihre Mannschaft Minuspunkte.

Über die Anzahl der Wetten einigen wir uns gemeinsam. Haben die Spieler einer Gruppe eine Wette zur Zufriedenheit der anderen Teilnehmer ausgeführt, bekommen sie einen Punkt.

Die Mannschaft mit den meisten Punkten darf sich das nächste Spiel aussuchen.

Obst erhaschen

❀ Äpfel und Bananen
❀ dünner Faden
❀ Besenstiel oder längeres Rundholz
❀ zwei Stühle

Das Obst bindet man zunächst an etwa 20 cm langen Fäden mit etwas Abstand voneinander an einem Besenstiel fest. Den Stiel legen wir über die Lehnen zweier Stühle, und zwar so, daß sich jeweils zwei oder drei Kinder darunterlegen können. Sie versuchen nun, das Obst mit den Füßen zu erhaschen und dann abzureißen. Natürlich dürfen die Früchte danach gegessen werden.

Wenn das Licht wieder angeht, dann zählen wir, wie viele Kinder es erwischt hat

Küssen im Dunkeln

❀ Lippenstift (vielleicht auch zwei verschiedene)
❀ Eieruhr
❀ Negerküsse

Die Kinder verteilen sich im Zimmer. Zuvor müssen sie aber zwei Gruppen bilden. Die erste malt ihre Lippen dick mit Lippenstift an, die andere bleibt in der ersten Runde noch ungeschminkt. Nun geht es los. Das Licht wird gelöscht und der Raum vielleicht noch verdunkelt. Die erste Gruppe muß versuchen, so viele Kinder wie möglich aus der anderen Gruppe zu küssen.
Wenn die Eieruhr nach zwei Minuten klingelt, sehen wir nach, wie viele ›Opfer‹ Spuren eines Kusses aufweisen. Ob in der zweiten Runde die andere Gruppe auch so viele abküssen kann? Die Kußsieger bekommen Negerküsse.

Schöne Scheiße!

❀ Rolle Toilettenpapier
❀ leere Toilettenpapierrollen
❀ Eieruhr

Ein Kind hat die Rolle Toilettenpapier in der Hand und erzählt eine Geschichte. Die Kinder bestimmen zuvor, welche drei Wörter darin vorkommen müssen, zum Beispiel *Windeln*, *Klo* und *Töpfchen*, also Gegenstände, die etwas mit der Reinlichkeitserziehung der ›lieben Kleinen‹ zu tun haben. Das Kind hat fürs Erzählen drei Minuten Zeit. Sind sie vorbei und die Aufgabe ist nicht erfüllt worden, rufen alle *Schöne Scheiße!* und das Kind bekommt als Minuspunkt eine leere Toilettenpapierrolle. Hat es die Wörter genannt, beginnt eine neue Runde, und die Rolle mit dem Papier wird zu einem anderen Mitspieler

geworfen. Hat dieses Kind keine Lust weiterzuerzählen, darf es die Rolle an ein anderes weitergeben. Dann bekommt es allerdings einen Minuspunkt in Form einer Papprolle, und alle rufen *Schöne Scheiße!* Das Kind, das am längsten ohne Minuspunkt bleibt, hat gewonnen.

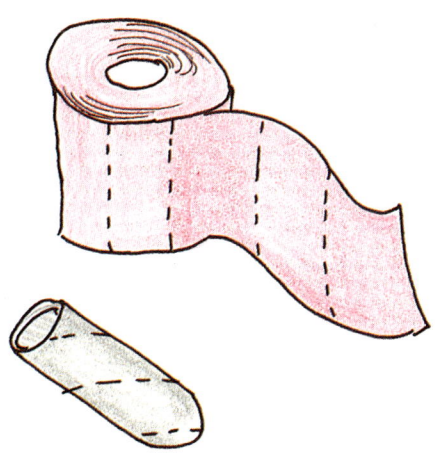

Magst du Leberwurst?

❀ Korken, Spielkarten, Knöpfe, Pfennige oder anderer Krimskrams

Jedes Kind bekommt drei kleine Gegenstände. Dann werden Fragen gestellt, zum Beispiel: *Wer hat schon einmal in die Hose gemacht?* Oder: *Wer kann auf einem großen Eßteller mit Kartoffelbrei und Soße eine Flußlandschaft bauen?* Wer eine Frage mit *Ja* beantwortet, muß einen Gegenstand abgeben. Wer als erster keinen mehr hat, ist Sieger!
Die Fragen können sich die Kinder gemeinsam ausdenken. ›Magst du Leberwurst?‹ ist auch bestens als Familienspiel geeignet. Endlich erfahren wir, ob Tante Frieda zum Beispiel lange Unterhosen anhat.

Spiele mit Handpuppen

Tritratrulala, der Kasper, der ist wieder da . . .
Es muß ja nicht die teure Kasperpuppe sein –
unsere Hand paßt auch in einen Strumpf hin-
ein.
Noch zwei Knöpfe angenäht als Augen –
na, wird die Puppe was taugen?
Zwei Stoffreste als Ohren –
und ein neues Wesen wird geboren.
Ein Stück geknickte Pappe als Mund –
streckt er dann noch die rote Filzzunge raus,
ist die neue Handpuppe gesund . . .

Wer kennt nicht die folgende Situation: Wir suchen und suchen und werden ganz ärgerlich, weil der zweite
Strumpf partout nirgendwo aufzufinden ist. Statt ordentlicher Paare
haben wir immer mehr einzelne
Strümpfe in der Schublade . . . Nachdem wir das Spiel namens *Suche den
zweiten Strumpf* erfolglos mehrere Male
gespielt haben, wird es Zeit, daß wir
uns etwas anderes überlegen. Es hat
auch wenig Sinn, auf den bösen Geist
in der Waschmaschine zu schimpfen,
der angeblich Strümpfe verschluckt.
Anstatt uns also weiterhin zu ärgern,
basteln wir aus den einsamen Fußbe-
kleidungen Handpuppen, nach dem
Motto
Hokus – Pokus – Fidibus,
bevor der Strumpf kommt in die Suppe –
machen wir daraus eine Kasperpuppe
oder
Dieser einsame grüne Socken
wird gleich als Drachen die Oma schocken!

Und los geht's! Wir brauchen als
Grundausstattung für **Strumpfpup-
pen**:

❀ Strümpfe oder Socken
❀ Knöpfe oder Perlen
❀ Filz oder Stoffreste
❀ Nähzeug und Schere
❀ Pappe
❀ Klebstoff

Wie basteln wir daraus nun eine
Handpuppe?

1. Um uns vorstellen zu können, wo
wir Augen, Ohren, Nase und Mund
anbringen müssen, ziehen wir den
Strumpf zunächst über die Hand, und
zwar so, daß seine Ferse über unseren Handgelenkknöcheln liegt.

2. Als Augen nähen wir zwei Knöpfe
oder Perlen im Abstand von 2 bis
3 cm zueinander fest.

3. Dann schneiden wir aus Pappe
eine runde Scheibe aus, knicken sie
in der Mitte, schieben sie in den
Strumpf hinein und nähen sie fest.
Oder wir befestigen die Scheibe
außen. Nun können wir das Maul der
Puppe auf- und zuklappen.

4. Zum Schluß nähen wir seitlich
zwei Ohren aus Filz oder Stoffresten
auf. Auch eine Zahnreihe und eine
rote Zunge können wir ins Maul kleben. Damit die Puppe ihren Partner
später beschnuppern kann, erhält sie
noch eine runde Nase.

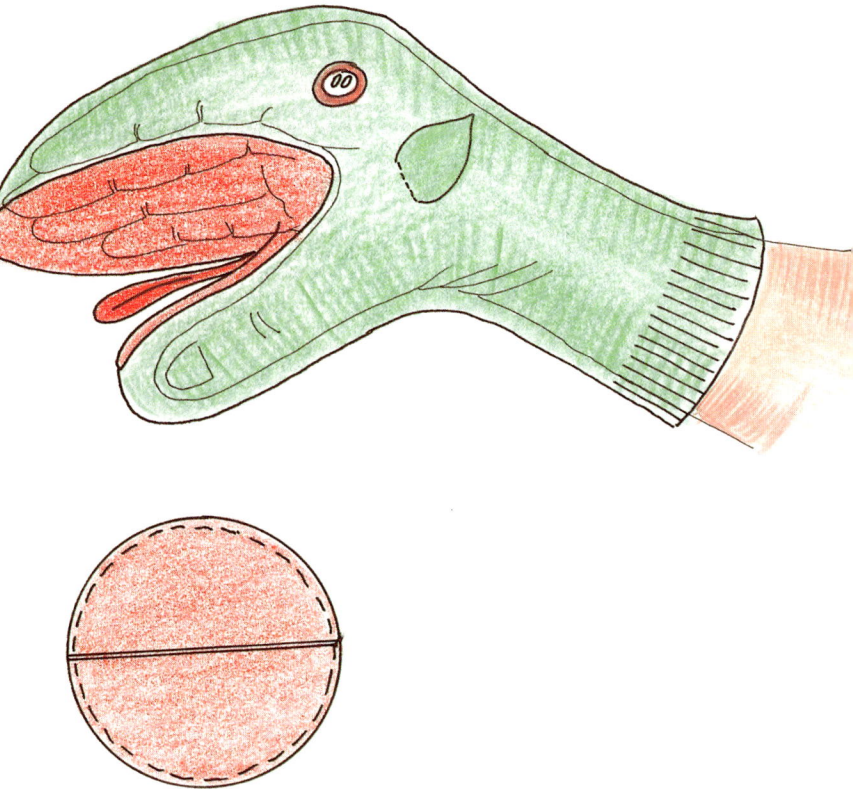

Für eine **Handpuppe** aus einer Obsttüte brauchen wir:

❀ Obsttüten aus Papier
❀ Filzstifte
❀ Schere
❀ Klebstoff
❀ Buntpapier
❀ Kreppapier
❀ Wollfäden

Auf eine Papiertüte malen wir mit Filzstiften ein Gesicht. Für die Nase schneiden wir einen Kreis heraus. Dann verzieren wir die Tüte mit Schnipseln aus Papier und kleben Wollfäden oder Papierstreifen als Haare an. Um mit der Puppe zu spielen, fahren wir mit der Hand in die Tüte hinein und stecken einen Finger als Nase durch die Öffnung.
Je unterschiedlicher die Tüten ausfallen, desto lustiger wird das spätere ›Tütentheater‹. Wir können also unserer Phantasie freien Lauf lassen.

Nicht nur aus Strümpfen und Tüten lassen sich unsere Hauptdarsteller basteln: auch Kochlöffel spielen heiße Rollen. Zur Herstellung von **Kochlöffelpuppen** brauchen wir:

❀ Kochlöffel aus Holz
❀ Farben
❀ Filzstifte
❀ Papier oder dünne Pappe
❀ Klarlack
❀ Pinsel
❀ Wollreste
❀ Klebstoff
❀ Stoffreste
❀ Nähzeug
❀ Schere

Wir malen Gesichter auf die Kochlöffel und kleben Wollreste als Haare an. Aus Papier oder dünner Pappe können wir Ohren ausschneiden oder auch eine kleine Krone basteln. Der Stiel wird umhüllt von einem Kleid aus Stoffresten. Dazu schneiden wir ein rechteckiges Stück Stoff aus, wobei die Breite der Länge des Löffelstiels entspricht. Eine Längsseite versehen wir an der Kante mit einem festen Heftfaden, kräuseln den Stoff und befestigen das Mäntelchen mit etwas Klebstoff am Stiel. Dann bekommt es noch zwei Löcher für die Arme. Beim Spielen halten wir die Puppe am Stiel fest und stecken zwei Finger durch die Armlöcher.

Handpuppen aus Kochlöffeln, Tüten und alten Strümpfen – welch ein Theater!

Mit unseren Puppen lassen sich unendlich viele Spiele erfinden. Natürlich kommt dabei dem Puppentheater eine besonders wichtige Rolle zu. Deshalb zunächst eine Anregung für den Bau einer *Bühne*. Sie sollte sehr einfach konstruiert sein, damit sie in Sekundenschnelle aufgebaut werden kann – denn mitunter werden wichtige Vorstellungen sehr kurzfristig angesetzt. Vorn an den Türrahmen schrauben wir etwa in Schulterhöhe der Kinder links und rechts jeweils eine große Schrauböse. Dann nähen wir ein ebenso langes buntbemaltes Laken oder einen Stoffrest an einer Seite zu einem breiten Saum um, und zwar so, daß ein Tunnel entsteht. Ein Rundholz, das etwa 30 cm länger sein soll als die Tür breit ist und das vom Durchmesser her durch die Schraubösen paßt, schieben wir mit einem Ende durch eine Öse. Dann wird der Vorhang über die Stange gezogen und ihr anderes Ende durch die zweite Öse geschoben. Wir hokken uns dahinter, und schon geht das Theater los . . . Noch einfacher ist es, einen Tisch zu kippen und ein (buntbemaltes) Laken darüberzuwerfen.

1. Akt

Eine alte Socke ist auf der Bühne zu sehen. Sie stöhnt und ruft:
Kinder, bin ich kaputt! Ich bin völlig durchgeschwitzt. Jetzt muß ich mich erstmal ausruhen.
Sie legt sich hin. Eine Tütenpuppe kommt dazu. Sie sagt:
Das kommt gar nicht in die Tüte, du legst dich nicht hin – du kommst jetzt mit mir zu Herrn Pinkelfritz, der hat ein Essen für uns gekocht. Vorher wäschst du dich aber nochmal, du stinkst nach Käsefüßen!
Die Sockenpuppe ist sauer:
Du beknackte Tüte, ich mag nicht zu Herrn Pinkelfritz essen gehen. Ich habe keinen Hunger! Du kannst seine Matschsuppe alleine essen, die ist

sowieso verwürzt.
Die Tüte antwortet:
Du spinnst, du alte Socke! Herr Pinkelfritz ist der beste Koch unter der Sonne. Er rührt seine Suppe mit Gefühl an.
Die Socke:
Was? Mit Gefühl? Was ist das denn für ein Gewürz? Kenne ich das?
Die Tüte:
Komm doch mit und probier es aus. Es ist toll und schmeckt so gut!
Die Socke:
Na gut, aber: Ich glaube nicht, daß Herr Pinkelfritz mit Gefühl rühren kann.
Die Tüte:
Wir werden ja sehen!

2. Akt

Die Tüte und die Socke sind jetzt bei Herrn Pinkelfritz zu Gast. Herr Pinkelfritz (der Kochlöffel) empfängt sie:
Wie schön, daß ihr endlich kommt! Ich habe schon drei Stunden in meinem Essen gerührt.
Die Tüte:
O lieber Herr Pinkelfritz – was gibt's denn?
Herr Pinkelfritz:
Matschsuppe mit Glibbersoße.
Die Tüte:
Das habe ich mir immer gewünscht.
Der Kochlöffel:
So einen Saukram esse ich nicht, und wenn sie drei Wochen mit Gefühl drin gerührt haben!
Die Tüte:
Dann mußt du eben hungern. Ich esse es, ich habe nämlich für Herrn Pinkelfritz ein Gefühl.
Die Socke:
Oh jeh, mir wird schwül!

Kleine Geschichten und Texte für das Puppentheater zu erfinden ist nicht weiter schwer. Wir müssen es einfach mal ausprobieren und uns darauf einlassen. Damit uns etwas einfällt, ist es wichtig, daß wir uns nicht

selbst unter Druck setzen. Beim Spielen kommt es nicht auf Leistung an, sondern allein auf den Spaß, den wir dabei haben. Es ist schön, gemeinsam mit Kindern Quatsch zu machen, mit ihnen und für sie lustige Texte zu überlegen. Kinder freuen sich über Wortverdrehungen, sprachliche Mißverständnisse, spannende Entwicklungen, bei denen sie Zeuge sein und am Spielgeschehen teilnehmen dürfen. Hier noch ein Beispiel:

Ede verfolgt Rudi den Zocker, Ede ruft ins Publikum:
Sagt mir sofort Bescheid, wenn Rudi hier erscheint.
Kinder:
Klar . . .
Ede:
Ihr weckt mich, he?
Kinder:
Klar . . .
(Ede begibt sich in die Waagerechte. Rudi nähert sich)
Die Kinder rufen:
Ede, Ede, Rudi kommt!
(Rudi verschwindet schnell wieder)
Ede brüllt:
Ihr spinnt ja, da ist ja gar keiner!
Kinder:
Doch, du Idi! (Idi heißt Idiot – Kinder gebrauchen gern diese Abkürzung)
Ede:
Ich schlaf' jetzt wieder.
(Rudi nähert sich wieder. Die Kinder schreien: . . . Das Spiel kann so noch eine Weile weitergehen)

Diese kleinen Szenen sollen zeigen, daß Kinder haben wollen und die Spannung lieben – und die kann mit sehr einfachen Mitteln erreicht werden. Wenn wir bei der freien und spontanen Gestaltung der Dialoge berücksichtigen, kann eigentlich nichts mehr schiefgehen. Und haben wir selbst auch noch unsere Freude am Puppenspiel, steht einer gelungenen Vorstellung nichts mehr im Wege.

Rollenspiele – mit und ohne Verkleiden

Komm, wir spielen jetzt mal Kaffee-trinken bei Tante Brigitte, schlägt die vierjährige Judith ihrer Freundin vor. Und schon geht's los: Im Kinderzimmer wird der Tisch gedeckt, und Judith sucht im Kleiderschrank der Mutter nach etwas Passendem zum Anziehen für dieses große Ereignis. Kurze Zeit später erleben wir einen lustigen Kaffeeklatsch. Zwei kleine Damen spielen Beobachtungen nach, die sie im Alltag gemacht haben. Sie ahmen die Verhaltensweisen der

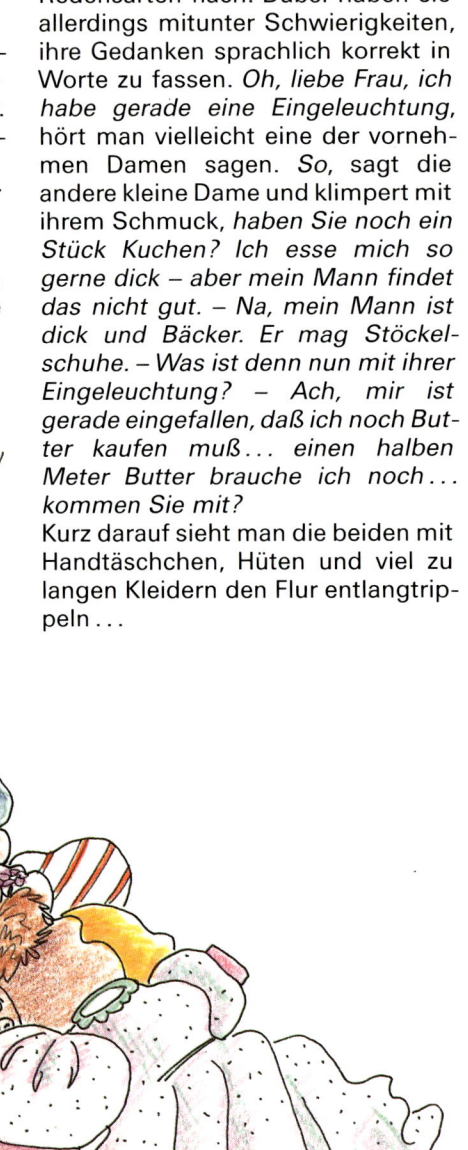

Personen nach, mit denen sie öfters zu tun haben. Unbefangen imitieren sie Eigenarten und plappern sie Redensarten nach. Dabei haben sie allerdings mitunter Schwierigkeiten, ihre Gedanken sprachlich korrekt in Worte zu fassen. *Oh, liebe Frau, ich habe gerade eine Eingeleuchtung*, hört man vielleicht eine der vornehmen Damen sagen. *So*, sagt die andere kleine Dame und klimpert mit ihrem Schmuck, *haben Sie noch ein Stück Kuchen? Ich esse mich so gerne dick – aber mein Mann findet das nicht gut. – Na, mein Mann ist dick und Bäcker. Er mag Stöckelschuhe. – Was ist denn nun mit ihrer Eingeleuchtung? – Ach, mir ist gerade eingefallen, daß ich noch Butter kaufen muß... einen halben Meter Butter brauche ich noch... kommen Sie mit?*

Kurz darauf sieht man die beiden mit Handtäschchen, Hüten und viel zu langen Kleidern den Flur entlangtrippeln...

Tips für Eltern

Kinder lieben es, in eine andere Rolle zu schlüpfen. Sie ahmen das Verhalten der Menschen in ihrer unmittelbaren Umgebung nach. Sind die Kinder erst einmal ins Rollenspiel vertieft, können sie sich wunderbar lange allein beschäftigen. Ein wenig sollten wir die Kinder allerdings unterstützen:

– Den Einstieg ins Spiel erleichtern wir beispielsweise durch das Erzählen einer kleinen Geschichte.

– Wir stellen die nötigen Hilfsmittel bereit, die es den Kindern erleichtern, sich in die Situation hineinzuversetzen. Denn durch unterschiedlichste Kleidungsstücke wird die Phantasie »beflügelt«.

– Außerdem können wir durch eine ruhige, entspannte Atmosphäre dazu beitragen, daß es den Kindern leichter fällt, in eine andere Rolle zu schlüpfen.

– Wir können das Spiel unterstützen, indem wir selbst kurzfristig in eine Rolle schlüpfen (je nach Laune natürlich auch längerfristig, zum Beispiel als Kunde auf der Post, als Patient beim Arzt, als Besuch beim Familientreffen oder als Gast im Restaurant).

Und mit der Anrede geht's schon los... In dem Moment nämlich, in dem zwei Kinder mit Autos spielen und eins das andere mit „Guten, Tag, Herr Tankwart!" anspricht, hat das Rollenspiel schon begonnen!

Gruppengröße:

Rollenspiele eignen sich gut für eine kleine Gruppe von Kindern. Und wenn sie sich ungestört fühlen, beschäftigen sich die Kleinen sogar gern und ausdauernd allein: im Selbstgespräch spielen sie Rollen und Situationen nach.

Spielort:

Kinder können überall Rollenspiele durchführen, aber sie brauchen natürlich den für die Besonderheiten des Spiels jeweils notwendigen Platz. Wir sollten ihnen dabei helfen – eventuell mit umgedrehten Tischen und Bettlaken –, Spielecken zu schaffen. Oder wir bringen im Kinderzimmer zwei Haken an den Wänden an und spannen eine Wäscheleine (oder eine feste Schnur) dazwischen. Mit Wäscheklammern können dann daran (bemalte) Laken befestigt werden, die sich prima als Raumteiler eignen (wenn wir beispielsweise beim Arztspiel ein Warte- zimmer und einen Behandlungsraum brauchen). Eine ›Spanische Wand‹ (ein Paravent) läßt sich dafür auch sehr gut verwenden.

Spielanregungen:

Meistens reichen schon einige Requi- siten allein aus, um den Kindern Lust aufs Rollenspiel zu machen. Mitunter können Sie auch durch andere Dinge dazu motiviert werden, in eine andere Rolle zu schlüpfen, beispielsweise durch

– das Betrachten eines Bilderbuchs,
– einen Ausflug (zum Bahnhof, zur Polizei, zum Flughafen oder zum Postamt),
– eine Kindersendung im Fernsehen,
– eine vorgelesene Geschichte,
– eine Kinderkassette oder
– ganz normale Alltagserlebnisse.

Spielablauf:

Es geht bei den nachfolgenden Bei- spielen weniger um von Erwachse- nen geleitete Rollenspiele mit älteren Vorschulkindern, sondern wichtiger sind mir Anregungen für das selb- ständige Spielen kleinerer Kinder. Wenn die Spielvoraussetzungen geschaffen sind, ziehen wir uns zurück. Wir sollten uns aber in der Nähe des Geschehens aufhalten, falls wir mal einen Streit um Hüte oder um Rollen schlichten müssen. Dabei sich aber bitte nicht zu früh ein- mischen: Kinder können ihre Kon- flikte gut allein lösen!

Grundausstattung:

Im Kleiderschrank der Eltern finden die Kinder vieles, mit dem sie sich verkleiden können. Um zu vermeiden, daß Judith Mutters schönste Seidenbluse ausleiht, um mal eben Tante Elvira zu spielen, bereiten wir am besten einen Korb oder eine Kiste mit Sachen zu Verkleiden vor. Denn der Spaß an den Dialogen der Kinder vergeht uns, wenn die Stelle kommt, wo Tante Elvira auf ihrer Afrikareise vom Neger geküßt wird. Wir sehen nämlich voller Entsetzen, daß ein echter süßer Negerkuß auf der teuren Seidenbluse zerdrückt wird. Spätestens nachdem wir uns von diesem Schrecken erholt haben, sammeln wir alles zusammen, was uns nicht lieb und teuer ist – damit auch wir Spaß an den Spielen mit Verkleiden haben ...
Unsere Kiste (oder unser bunt bemalter oder beklebter Karton) könnte folgendes enthalten:

❀ alte Bettlaken und Stoffreste
❀ Nachthemden
❀ Jacketts
❀ Frauenkleider
❀ Hosen
❀ Damenstrümpfe
❀ Herrensocken
❀ Hüte, Mützen und Tücher

In drei (kleinere) zusätzliche Kartons tun wir

❀ Schuhe
❀ Sonnenbrillen, Taucherbrille, Haarspangen, Regenschirm etc.
❀ Theater- oder Faschingsschminke, Lippenstifte und Spiegel

Und nun einige Ideen, die uns auf das Thema Rollenspiele einstimmen sollen:

Ein Griff in die Kleiderkiste und schon wird aus Nina eine feine kleine Dame

Situationen raten

Ein oder zwei Kinder verlassen das Zimmer und denken sich eine Situation aus, die sie pantomimisch den anderen vorspielen möchten, zum Beispiel *Bauer und Bäuerin versorgen ihre Tiere* oder *Mutter/Vater füttert das Baby und wickelt es*.
Die anderen Kinder raten nach der kleinen Vorführung, um welche Situation es sich gehandelt hat. Die Akteure bestimmen, wer als nächstes drankommt.

Sportarten raten

Bei diesem Rollenspiel können alle Kinder im Zimmer bleiben. Der Reihe nach überlegen sie sich eine Sportart, deren Bewegungsablauf sie den anderen dann vorführen. Gut geeignet sind beispielsweise Rudern, Fußball, Tischtennis, Schwimmen und Turnen. Sollte einem Kind einmal nichts einfallen, so bekommt es Hilfestellung vom Spielleiter. Vielleicht kennen die Ratenden ja sogar den Namen eines großen Tennis- oder Fußballstars.

Personen raten

Ein Kind nimmt sich aus den Kisten Kleidungsstücke und verschiedene Gegenstände heraus und wählt sich in Gedanken eine Person (die möglichst mehrere der Beteiligten kennen). Deren Sprache, Gestik, Mimik und Gangart wird nachgeahmt. Wer die Person errät, ist als nächster dran.

Berufe raten

Ohne irgendwelche Hilfsmittel stellt ein Kind einen Beruf dar. Fällt den Kleinen nicht von selbst einer ein, so flüstern wir ihnen einen Vorschlag ins Ohr.
Danach sollten wir den Kindern etwas Zeit zum Überlegen lassen, wie sie den Beruf darstellen wollen.

Spiele mit Hüten

❀ Radio oder Plattenspieler

In der Mitte liegt zum Beispiel ein Damenhut. Ein Kind setzt ihn sich auf und spielt damit ›feine Dame‹. Nach einer Weile legt es den Hut wieder in die Kiste zurück und holt statt dessen eine Schaffnermütze hervor. Sie wird einem anderen Kind aufgesetzt. Hat dieses keine Lust auf ein Rollenspiel, so gibt es die Mütze weiter.
Mit Musik macht das Spiel natürlich noch viel mehr Spaß: Ein Hut wandert von Kind zu Kind. Stoppen wir die Musik, dann spielt das Kind die Rolle vor, bei dem der Hut sich gerade befindet.

Spiele mit den Jahreszeiten

In einem Karton oder in einer Kiste liegen Utensilien, die wir zu den verschiedenen Jahreszeiten brauchen, zum Beispiel:

❀ Sonnenbrille
❀ Sonnenmilch
❀ Badebekleidung
❀ Skianzug
❀ Skizubehör
❀ Schal
❀ Mütze
❀ Regenschirm
❀ Regenbekleidung etc.

Wir erzählen nun eine spannende Geschichte. Wenn in deren Handlung eine bestimmte Jahreszeit erwähnt wird, zieht sich das Kind, das wir dabei anzwinkern, die entsprechenden Sachen an und führt sie vor.

Nun kommen wir zu den Rollenspielen, die etwas mehr Vorbereitungen verlangen:

Post – Bank – Büro

❀ Karton, Stifte, Farben, Schneidemesser und Schere (für Postschalter und Briefkasten)
❀ Pappe, Kreppapier, Klebstoff, Schere (für Mützen)
❀ Formulare aus Post, Bank und Behörde
❀ Stempel (auch selbstgebastelt aus Kartoffeln oder Korken), Stempelkissen oder Farbe
❀ Knöpfe (als Münzen)
❀ farbiges Tonpapier und farbige Pappe (zum Basteln von Scheckkarten und Geldscheinen)
❀ alte, nicht mehr benötigte Schecks und Formulare
❀ Stifte
❀ Locher
❀ Hefter
❀ Telefon (eventuell auch aus Pappe selbstgebastelt)
❀ Schreibmaschine (eventuell aus Pappe)
❀ Büroklammern
❀ Papier

Kinder sind oft beeindruckt von den Vorgängen, die sie in ihrer Umgebung beobachten. Sie ahmen gern solche Handlungen nach, von denen sie den Eindruck haben, daß sie in der

Erwachsenenwelt einen hohen Stellenwert besitzen. Wenn mit Formularen herumgefuchtelt wird, die Großen mit wichtiger Miene Geld hin und her schieben und Hektik sich verbreitet, sind die Kinder meist voll dabei.

Zunächst basteln wir anhand der Abbildung einen **Postschalter** aus einem großen Karton, den wir gelb bemalen und mit einem Postzeichen versehen. Auf die gleiche Art können wir einen **Briefkasten** anfertigen.

Auch **Mützen** für die Postbeamten sind aus Pappstreifen und Kreppapier schnell gemacht:

1. Je nach Kopfumfang einen Pappstreifen von etwa 3 x 50 cm ausschneiden. Der Mützenschirm ist etwa 7 x 15 cm groß. Dessen Form sehen wir auf der Abbildung. Am Rand wird er etwa 1 cm eingeschnitten, und die Laschen biegen wir um.

2. Den Kartonstreifen zu einem Ring zusammenkleben und aus einem Kreppapierrechteck einen Mützenballon formen, ihn oben zusammenbinden und in den Ring kleben. Zum Schluß den Schirm ankleben.
Den Verlauf des Spiels bestimmen die Kinder selbst. Ihnen macht es Spaß, ihre Erfahrungen in einer lebensnahen Situation wiederzugeben und dabei ihre Phantasie einzu-

setzen und spielerisch ihre Möglichkeiten auszuschöpfen.

Arzt- und Krankenhausspiel

* alte weiße Oberhemden oder T-Shirts
* blaue Müllbeutel (als Kittel)
* blaue Badekappen (als OP-Mützen)
* Notizbuch (als Terminkalender)
* selbstgemalte Krankenschein-formulare oder fotokopierte Formulare
* Verbandmaterial (möglichst reichlich, wir können auch mit Toilettenpapier improvisieren)
* Pflaster (oder Kreppklebeband)
* Cremes (Proben aus der Apotheke oder der Drogerie)
* drei leere Toilettenpapierrollen, leere, runde Käseschachtel, weißes Kabel oder weiße Kordel, rotes Klebeband, rote Farbe, Pinsel und Schere (für das Stethoskop)
* großer Karton; Schneidemesser; durchsichtige, abwaschbare Folie; schwarzer, abwaschbarer

Stift; schwarze Farbe, Pinsel, Klebeband (fürs Röntgengerät)
* Bauklotz (fürs Reflexprüfen)
* großer Karton mit einem aufgemalten roten Kreuz (zum Aufbewahren aller Gegenstände)
* Illustrierte (fürs Wartezimmer)

Zunächst basteln wir das **Stethoskop** (Hörrohr):

1. Die Papprollen und die Käseschachtel werden rot angemalt.

2. Vom Kabel schneiden wir etwa 80 cm ab und befestigen es mit Knoten und Klebeband so an den Rollen und der Schachtel, wie es die Abbildung zeigt.

Das **Röntgengerät** ist auch schnell gemacht:

1. In eine Längsseite oder in den Boden des Kartons schneiden wir ein rechteckiges Loch. Zusätzlich entfernen wir die Seitenflächen, damit das Kind in den Karton hineinsteigen kann. Dann bemalen wir ihn schwarz.

2. Aus der Folie werden mehrere Teile herausgeschnitten, die etwas größer sein sollen als das Rechteck. Bevor später ein ›Patient‹ in das Gerät klettert, wird die Folie von innen mit etwas Klebeband vor das Fenster geklebt. Nun kann sich der ›Arzt‹ ansehen, wie der Bauchnabel oder die Brust des ›Patienten‹ aussieht (natürlich heißt es dabei wie im richtigen Leben: *Bitte freimachen!*). Der ›Arzt‹ malt die Umrisse des entsprechenden Körperteils mit Filzstift auf die Folie. Das ›Röntgenbild‹ wird abgenommen und mit dem ›Patienten‹ besprochen.

Bei diesem Rollenspiel machen sich die Kinder ganz sicher voller Eifer ans Werk: Sie verarzten Patienten und verbinden sie (das können Kinder, Erwachsene, Puppen oder Kuscheltiere sein).

Tips für Eltern
Mit diesem Spiel nimmt man Kindern die Angst vor einem bevorstehenden Arztbesuch oder Krankenhausaufenthalt. Auf dieselbe Weise kann man andere »brenzlige« Situationen durchspielen.

Kaufhaus

❀ Umzugskartons
❀ Pappe
❀ Klebeband
❀ leere Schachteln
❀ ausgewaschene Marmeladen-
  gläser
❀ Knöpfe (als Münzen)
❀ Tonpapier (für Preisschilder)
❀ Stoffreste (für die Textil-
  abteilung)
❀ Zeitungen (für den Zeitungs-
  stand)

Wenn Kinder ›Kaufhaus‹ spielen wollen, ist es wirklich nicht notwendig,
dafür das teure fertige Spielzubehör
zu kaufen. Zu Hause haben wir meist
genügend Schachteln und Krimskrams, womit man herrlich ›Kaufhaus‹ spielen kann. In die Umzugskartons kleben wir mit Klebeband
passende Pappstücke – fertig sind
unsere Kaufhausregale! Und schon
kann's mit dem Handeln, Feilschen
und Tauschen losgehen!

Große Hochzeit

❀ Einladungskarten
❀ weiße Papiertischdecke oder
  weißes Bettlaken
❀ selbstgebastelte Tischdekoratio-
  nen, zum Beispiel aus goldenen
  oder silbernen Tortendeckchen
❀ Servietten
❀ Namensschilder
❀ Säfte in leeren Weinflaschen
❀ Gardinen oder ähnliches als
  Brautschleier (und Sicherheits-
  nadeln zum Feststecken)
❀ schwarze Pappe (für den
  Zylinder)
❀ Ringe
❀ Knabbergebäck
❀ diverse Haushaltsgegenstände
❀ Geschenkpapier
❀ Würfel
❀ Musikinstrumente (für den
  Brauttanz)
❀ Kassettenrecorder und Musik-
  kassetten zum Tanzen
❀ Fotoapparat und Film (für die
  Erinnerungsfotos; schön sind
  Polaroidfotos, die die Kinder
  gleich mit nach Hause nehmen
  können)

Es ist vielleicht schon lange her, daß
es in unserer Familie eine richtig tolle
Hochzeitsfeier gegeben hat. Also
inszenieren wir selbst eine: Meine
Tochter Anna heiratet ihren Freund
Ali. Beide Kinder sind vier Jahre alt.
Zunächst schreiben wir Einladungs-
karten an Annas und Alis Freunde:

Einladung

*Am 12. 12. 1990 ist es soweit:
Anna und Ali heiraten*

*Wenn Ihr Lust habt, dann kommt zu
unserer Hochzeitsfeier um 15 Uhr. Um
festliche Kleidung wird gebeten. Wenn es
einen Gegenstand in Eurem Haushalt
gibt, den Ihr nicht mehr braucht, bringt
ihn bitte als Geschenk verpackt mit. Ihr
helft uns damit, unseren eigenen Haushalt aufzubauen (Gegenstände, die wir
nicht gebrauchen können, werden unter
den Gästen bei einem Spiel verteilt).*

*Wir freuen uns auf Euer Erscheinen
Anna und Ali*

Einladung

Am 12. 12. 1990 ist es soweit:
Anna und Ali heiraten

Wenn Ihr Lust habt, dann kommt zu unserer Hochzeitsfeier um 15 Uhr. Um festliche Kleidung wird gebeten. Wenn es einen Gegenstand in Eurem Haushalt gibt, den Ihr nicht mehr braucht, bringt ihn bitte als Geschenk verpackt mit. Ihr helft uns damit, unseren eigenen Haushalt aufzubauen (Gegenstände, die wir nicht gebrauchen können, werden unter den Gästen bei einem Spiel verteilt).

Wir freuen uns auf Euer Erscheinen
Anna und Ali

Sechs darf man ein Geschenk auspacken und vorerst behalten. Wenn alle Gegenstände ausgepackt sind, darf sich das Brautpaar noch ein Geschenk aussuchen. Danach geht das Spiel weiter. Wer eine *Sechs* oder eine *Drei* würfelt, hat die freie Auswahl. Er darf sich ein Geschenk nehmen, das ein anderes Kind ausgewickelt hat. Die Gegenstände wechseln so ständig ihren Besitzer. Das Spiel kann beendet werden, indem sich das Brautpaar küßt. Bei kleineren Kindern sollte man einen Wecker stellen, der das Spiel zeitlich begrenzt. Jeder darf zum Schluß das Teil behalten, das zuletzt vor ihm liegt. Hat sich jemand mehrere Geschenke erwürfelt, muß er den Kindern etwas abgeben, die nichts bekommen haben.

Auf diese Weise läßt sich auch Omas oder Opas Geburtstagsfeier gestalten. Statt um Haushaltsgegenstände kann man dann beispielsweise auch um Bücher spielen.

Bitte nicht vergessen, einen Trauzeugen zu bestimmen, der die Ringe für das Brautpaar besorgt (zum Beispiel aus dem Kaugummiautomaten).

Den Zylinder basteln wir wie Modell 3 auf S. 114/115.

Ablauf der Feierlichkeiten:
Nachdem der Tisch festlich gedeckt worden ist, treffen die Gäste ein. Es sollte vorher verbindlich abgesprochen werden, wer welche Rolle spielt und mit wem er zur Hochzeit zu erscheinen hat. Sonst gibt es nämlich das schönste Chaos! Wenn sich

also Onkel Otto und Tante Klara eingefunden und beide Platz genommen haben und endlich Opa Karl und Oma Erna erschienen sind, kann es losgehen! Zwei Kinder sollten die Bedienung übernehmen (mit weißen Schürzen aus Tortendeckchen).
Die Höhepunkte des Festes sind natürlich:
– Tischrede,
– Ringtausch,
– Tanz und Polonaise,
– Anstoßen aufs Brautpaar,
– Gruppenbild und
– das als Abschluß folgende lustige Geschenkspiel

Das **Geschenkspiel** möchte ich hier näher erklären, die anderen Aktivitäten gestalten wir nach eigenen Ideen. Auf der Einladungskarte haben wir ja bereits vermerkt, daß die Gäste Haushaltsgegenstände mitbringen sollen, die nicht mehr benötigt werden. Natürlich freut sich das Hochzeitspaar sehr über diese Geschenke.
Was es nicht unbedingt für seinen neuen Hausstand braucht, wird in Papier verpackt und auf einen Tisch gestellt. Die Gäste nehmen Platz und würfeln reihum. Bei einer

Ein Rollenspiel wird gefilmt

❀ Videokamera
❀ Videokassette mit 180 min
❀ Sachen zum Verkleiden

In einer Videothek leihen wir uns eine einfach zu bedienende Videokamera aus (die Leihgebühr beträgt etwa DM 20,– pro Tag). Die Kinder aus der Nachbarschaft werden zusammengerufen und gefragt, ob sie mit uns einen Film drehen möchten. Wir sagen ihnen auch, daß sie Utensilien zum Verkleiden mitbringen sollen. Außerdem stellen wir unsere große Kiste und die drei kleinen zur Verfügung. Sind alle Teilnehmer versammelt, überlegen wir uns gemeinsam eine Szene, die wir aufnehmen möchten. Natürlich eignen sich dafür auch all die vorangegangenen Rollenspiele. Oder wir stellen die Lieblingswitze der Kinder. Fallen uns gerade keine ein, schlagen wir einfach in einem Kinderwitzbuch nach und suchen uns etwas heraus, das sich gut nachspielen läßt. Hier aber noch ein paar zusätzliche Vorschläge:

Rollenspiele machen kleinen und großen Kindern viel Spaß: Ob der Zug wohl bald in Entenhausen ankommt?

Reisen in der Eisenbahn

❀ Kleiderkiste
❀ Zeitungen
❀ Koffer
❀ Reiseproviant
❀ Stoffhund

Für diese Szene werden die vorhandenen Stühle oder Matratzen wie die Plätze in einem Zug arrangiert. Die verkleideten Kinder mimen die Reisenden. Da es sich natürlich um eine längere Reise handelt, wird Reiseproviant ausgegeben. Kinder haben meist viele lustige Ideen, was im Zug alles passieren kann. Wie wäre es mit folgendem Wortwechsel als Einstieg? *Bitte schließen Sie das Fenster. Es zieht! – Nein, die Luft ist unerträglich schlecht. Das Fenster bleibt geöffnet.*
Die Dialoge und Situationen, die sich daraus entwickeln, werden unauffällig mit der Videokamera aufgenommen. Falls uns partout nichts einfallen will, spielen wir Folgendes nach:

Jedes Kind bekommt eine Rolle. Entweder spielt es eine der Hauptpersonen (zwei dicke Damen, einen Herrn mit Brille, eine schwerhörige Oma, einen Mann mit Zeitung und eine etwas verrückte Frau), einen Reisenden auf dem Bahnsteig oder einen stillen Fahrgast. Ein Hund ist auch mit von der Partie.

Und schon sind wir bei der Geschichte, die sich natürlich beliebig abwandeln läßt. Denn das ist ja gerade das Schöne bei den Rollen-Spielen: Sie laden geradezu zum Improvisieren ein.

Frau Unruhig will verreisen. Sie geht mit ihrem Koffer zum Bahnhof. Dort läuft sie auf dem Bahnsteig auf und ab, weil der Zug noch nicht da ist. Auf dem Bahnsteig sind viele Menschen, und man hört die verschiedensten Geräusche (einige Kinder bilden die Geräuschkulisse).

Als der Zug kommt, nimmt Frau Unruhig ihr Gepäck und steigt in ein Abteil, in dem schon verschiedene Reisende sitzen. Der Zug fährt los (wo bleibt die Geräuschkulisse?). Nun beginnen die kleinen Ärgernisse einer Reise, so daß Frau Unruhig immer nervöser wird: Die dicken Damen sind ständig mit Essen und Trinken beschäftigt, der Hund schnappt sich die Reste und kläfft, der Mann mit der Zeitung liest laut daraus vor und so weiter. Frau Unruhig wird immer unruhiger. Auf dem nächsten Bahnhof (wie der heißt, wann er erreicht wird ... denken sich die mitspielenden Kinder aus) wechseln drei Fahrgäste, doch das Menschengewirr wird immer verrückter (es geht nun so lange weiter, bis alle Kinder, die mitspielen wollen, eine Rolle haben). Jetzt hat Frau Unruhig endlich ihr Ziel erreicht und steigt erleichtert aus.

Trummi Kaputt und seine tollen Bands

❀ Sachen zum Verkleiden
❀ Instrumente
❀ Kassettenrecorder oder Platten-
spieler

Wir teilen die Kinder in Vierergruppen ein. Jede Gruppe stellt eine Band dar und überlegt sich dafür einen möglichst verrückten Namen (›Hot-tie-Dotties‹ oder ›Die vier Schmalz-backen‹ oder...). Die Kinder bekommen verschiedene (selbstgebastelte!) Instrumente und verkleiden sich möglichst verrückt. Hüte, Krawatten und Brillen dürfen dabei natürlich nicht fehlen. Den Musikgruppen werden mehrere kurze Popmusikstücke vorgespielt (es empfiehlt sich, ›heiße Rhythmen‹ auszusuchen). Jede Band entscheidet sich für ein Musikstück, zu dem sie ihre Show abziehen möchte. Dies geschieht in einer Art Play-back-Verfahren: Die Platten oder Kassetten werden einzeln abgespielt, und die jeweilige Band tut so, als spiele sie dieses Stück live.

Zwischendurch interviewt Trummi Kaputt die einzelnen Bandmitglieder. Was gefragt wird, sollte man der Phantasie des Kindes überlassen, das Trummi spielt.

Falls wir Lust haben, können wir später eine Jury bestimmen, die der ›hei-ßesten‹ Gruppe einen Preis verleiht.

Endlich ist es Rudi Ratlos gelungen, den Clowns Spaghetti mit Ketchup zu servieren!

äppeln). Rudi Ratlos ist ein etwas umständlicher Mensch, ziemlich tolpatschig und – sehr nervös, denn immerhin hat er die Stelle in dem piekfeinen Lokal ja gerade erst angetreten.

Die Clowns bestellen Spaghetti mit Ketchup. Der Kellner verdreht die Worte, die Bestellung kommt zurück, um nachzufragen...

Das ist alles ein wenig zuviel für ihn. Endlich bringt er die gewünschten Spaghetti. Doch Rudi Ratlos hat das Ketchup vergessen. Er läuft zurück in die Küche. Aber ach, als er wieder bei seinen Gästen ist, haben die Clowns die Spaghetti aufgegessen und die Teller saubergeleckt. Nun behaupten sie, gar nichts zu essen bekommen zu haben. Rudi ist ratlos. Er läßt die Flasche Ketchup auf dem Tisch stehen und läuft zurück in die Küche, um neue Nudeln zu bestellen. Die bringt er erneut den Gästen. Doch nun ist das Ketchup verschwunden, nicht die kleinste Spur ist zu entdecken. Rudi sucht überall: auf dem Tisch, unter dem Tisch, neben dem Tisch... Die Clowns sind sehr freundlich, sie helfen ihm bereitwillig dabei.

Da findet Rudi Ratlos plötzlich hinter dem Ohr eines Clowns eine Nudel. Wie wird es jetzt wohl weitergehen?

Rudi Ratlos und die Clowns

* ❀ Schminke
* ❀ Sachen zum Verkleiden
* ❀ gedeckter Tisch
* ❀ einige Teller mit gekochten Spaghetti
* ❀ Ketchupflasche

Für dieses Spiel sollten sich die Kinder, die dazu Lust haben, gegenseitig wie Clowns anmalen. Nötig ist das aber nicht unbedingt. Spaß wird's auch so geben!

In einem vornehmen Restaurant sitzen am festlich gedeckten Tisch die Clowns. Der Kellner Rudi Ratlos eilt herbei und fragt nach den Wünschen seiner Gäste (der Spielleiter sollte ruhig selber mitspielen und die Rolle eines Clowns übernehmen, vielleicht sogar die des Kellners – dann können ihn die Kinder einmal so richtig ver-

Tips für Eltern
Hin und wieder einmal dürfen Kinder auch mit Lebensmitteln spielen, selbst wenn sie sie nicht vollständig aufessen, sondern zum Schluß wegwerfen. Wir sollten sie aber über die Problematik aufklären.

Spiele mit Kartons, altem Stoff und Farbe

Als Grundausstattung für die folgenden Bastelvorschläge benötigen wir:

- Farben
- Filzstifte
- Malkittel oder blaue Müllbeutel
- (dicke) Pinsel
- Abdeckfolie oder Zeitungen
- Scheren
- (Schneide-)Messer
- Klebeband (auch doppelseitiges)
- Becher (Farbbehälter)
- Stoffreste
- alte Kleidung
- Pappe
- Nähzeug
- Klebstoff
- Schachteln aller Art
- Knöpfe (als Spielgeld)
- Kartons (in allen Größen, auch einige Umzugs- und Schuhkartons)

Was wir zusätzlich noch an speziellen Materialien brauchen, wird später bei den einzelnen Gegenständen aufgeführt.

Mit festen Kartons, Stoffresten und Farbe können wir selbst ein ödes Spielzimmer stufenweise in ein Spielparadies verwandeln:

1. Es beginnt damit, daß wir uns große, mittlere und kleine Kartons besorgen. Wir finden sie in Supermärkten, Schuhgeschäften und bei Umzugsunternehmen. Weiterhin können wir beispielsweise in Fachgeschäften für Waschmaschinen nach großen Verpackungskartons fragen, die nicht mehr benötigt werden. Wenn wir selbst keine geeigneten Kartons mehr im Keller haben, sind vielleicht auch Freunde oder Nachbarn froh, ihr altes Verpackungsmaterial loszuwerden.

2. Wir sammeln Reste von Stoffen in allen möglichen Arten und Farben und Kleidungsstücke, die ausgemustert wurden. Mit letzteren können wir die Kissenhüllen ausstopfen, die wir für unser Puppenbett, unsere Phantasiewohnung oder unser Auto brauchen. Die Kissenbezüge werden von den Erwachsenen in der jeweils gewünschten Größe aus Stoffresten angefertigt. Dazu ist nicht unbedingt eine Nähmaschine notwendig. Wir können die Kissen auch mit der Hand mit einfachen Heftstichen zusammennähen.

3. Die Kinder übernehmen besonders gerne das Bemalen der Kartons. Dabei müssen wir den Boden, auf dem gemalt wird, abdecken (am besten mit Folie; zur Not reichen Zeitungen). Wichtig ist auch, daß die kleinen Künstler einen Malkittel oder einen eingeschnittenen Müllbeutel zum ›Schützen der Kleidung‹ bekommen. Die Pinsel sollten möglichst dick sein, das erleichtert die Arbeit. Am besten benutzen wir auch kippsichere Malbecher (im Bastelgeschäft erhältlich) und auswaschbare, ungiftige Farben. Es ist außerdem sinnvoll, die Farben bereits vor der Aktion in die einzelnen Behälter zu füllen. Dabei mit Wasser verdünnen, damit sie sich leichter vermalen lassen.

4. Wenn die Farben getrocknet sind, besprechen wir mit den Kindern, wie es weitergehen soll: Wir überlegen zum Beispiel, aus welchen Stoffresten die Gardinen und Teppiche fürs Puppenhaus oder die Kissen genäht werden sollen und welche Dinge wir im Haushalt noch auftreiben können, um unser Objekt auszuschmücken oder um das Spiel damit interessanter zu machen (beispielsweise Schachteln für den Kaufmannsladen oder Knöpfe zum Bezahlen).

Nun zu den einzelnen Möglichkeiten, die sich uns bieten. Beginnen wir mit der Herstellung verschiedener **Fortbewegungsmittel** aus Kartons und aus Pappe.

Mit dem Auto unterwegs

Zusätzlich zur Grundausstattung:

- ❀ altes defektes Gerät (Wecker oder Radio; als Motor)
- ❀ Draht (zum Befestigen)
- ❀ Paketschnur
- ❀ verschließbaren Behälter (für Benzin)
- ❀ Pappreste, Stempel und Fotos (für einen Führerschein)
- ❀ großen Teller

Wir haben die Wahl zwischen verschiedenen Autotypen: in einige können wir uns hineinsetzen und dann damit auf dem Boden hin und her rutschen, andere wiederum halten wir mit den Händen fest, nachdem wir sie uns quasi übergestülpt haben. Die Fahrgeschwindigkeit richtet sich bei diesem Modell danach, wie schnell wir laufen, denn unsere Beine schauen unten raus. Folglich geht der Karton auch nicht so leicht kaputt wie beim Rutschauto.

Zur Anfertigung des **Rutschautos** (siehe Abbildung) brauchen wir einen stabilen, großen Karton, in dem ein Kind bequem Platz zum Sitzen hat. Wenn er mit Farbe bemalt worden ist, können wir noch einen kleinen Karton, der den Motor symbolisiert, mit festem Klebeband an dem großen fixieren. Es wirkt noch echter, wenn wir einen alten Wecker, ein altes Radio oder ein anderes defektes technisches Gerät in seine Bestandteile zerlegen. Diese befestigen wir einfach frei nach unserer Phantasie mit Klebeband im ›Motorraum‹. Das ist jetzt unser ›Motor‹.

Dann basteln wir aus stabiler Pappe ein Steuer. Das kann vorn am Karton mit Draht befestigt werden. Aber wir können es auch lose in der Hand halten. Unter dem Karton bringen wir mit doppelseitigem Klebeband ein flaches Kissen an, damit das Auto besser rutscht. Wollen wir bequem sitzen, wird noch ein Sitzpolster hineingelegt. Zur Ausstattung gehört selbstverständlich auch noch ein Autoradio. Vielleicht finden wir irgendwo ein kleines altes Taschenradio, das wir mit Draht vorn befestigen können.

Und schon kann die Fahrt losgehen! Was? Das Auto fährt nicht? Dann fehlt wohl noch das Benzin! Wir öffnen die ›Motorhaube‹ (Deckel vom vorderen kleinen Karton) und stellen einen verschließbaren kleinen Behälter mit Wasser hinein – das ist unser ›Tank‹. Bitte gut verschließen, damit kein ›Benzin‹ ausläuft!

Vielleicht läßt sich ja sogar irgendwo eine Hupe auftreiben, mit der wir Onkel Karl von der Fahrbahn scheuchen können.

So, den Führerschein haben wir dabei (gebastelt aus einer Klappkarte aus Pappe, die wir mit Foto, Namen und Stempel versehen haben); dann düsen wir jetzt los. Gute Fahrt!

Und nun starten wir die Produktion des **Laufautos**. Dabei helfen uns die zwei Abbildungen, denn wir haben die Wahl zwischen zwei Modellen.

Modell 1 (siehe oben):
Wenn wir den festen Karton aussuchen, achten wir darauf, daß wir ihn bequem über unseren Körper stülpen können.
Bevor er farbig bemalt wird (nicht der Körper – der Karton!), schneiden wir eine Öffnung in den Boden. Dort schaut später unser Kopf heraus (nachdem wir den Karton umgedreht haben, natürlich!). Die Verschlußlaschen entfernen wir. Und zwei ›Autofenster‹ (an denen wir später unser Gefährt festhalten) dürfen auch nicht fehlen.
Mit Hilfe eines großen Tellers malen wir vier Kreise auf feste Pappe und schneiden sie aus. Das sind unsere ›Räder‹. Sie werden mit doppelseitigem Klebeband unten am Karton fixiert.
Fertig ist das Laufauto! Wir stülpen es uns über, so daß nur noch Füße und Kopf herausgucken, und halten den Karton fest. Los geht's!

Modell 2 (siehe unten):
Der hierfür benötigte Karton muß so groß sein, daß später nur noch unsere Füße herausschauen. Vor dem Bemalen schneiden wir die Verschlußlaschen ab und Fenster hinein. Und auch hier bringen wir vier Pappräder an (und vielleicht hinten noch ein Ersatzrad wie bei einem richtigen Geländewagen).
Im Inneren des Kartons befestigen wir Halteschlaufen aus Paketschnur. Zum Schluß wird noch ein kleinerer Karton als ›Motorraum‹ angeklebt und kleine Scheinwerfer aus Pappe angebracht. Fertig ist unser Gogomobil, in das wir nun von unten einsteigen können und in dem wir sogar ein Dach über dem Kopf haben (den Kartonboden).

›Alles einsteigen, Türen schließen, Vorsicht bei der Abfahrt!‹

Sind bereits mehrere Autos unterwegs, brauchen wir natürlich einen Polizisten, der den Verkehr regelt. Wir basteln ihm mit Hilfe von Klebeband eine Polizistenmütze aus blauer Pappe (siehe Abbildung links) und geben ihm eine Trillerpfeife in die Hand. Mit einer Polizeikelle in der Hand zeigt er den Autofahrern, ob sie fahren dürfen oder nicht (für die Kelle befestigen wir eine runde Pappscheibe, die wir auf einer Seite grün, auf der anderen rot bemalt haben, an einem Kochlöffel). Hält sich jemand nicht an diese Regel, wird laut gepfiffen, und es gibt eine Verwarnung. Einige Kinder spielen Fußgänger. Wenn erst einmal alle notwendigen Utensilien fertig sind, spielen die Kinder nach einer ersten Anregung durch die Erwachsenen gern allein weiter.

Mit der Eisenbahn auf großer Fahrt

❀ Papier, Pappe und Stifte (für die Fahrkarten)
❀ Trillerpfeife
❀ Stempel (zum Entwerten der Karten)
❀ Schaffnermütze
❀ Paketschnur

Faßt euch an, faßt euch an . . .
wir fahren mit der Eisenbahn.
Das Wetter ist schön,
das Auto bleibt zu Haus,
und wir fahren mit der ganzen Familie hinaus.

Die Eisenbahn bauen wir nach dem Prinzip des Laufautos, Modell 1.

1. Zunächst suchen wir mehrere Kartons aus. Sie sollten länglich und so groß sein, daß darin jeweils zwei Kinder Platz haben. Dann macht das Spielen noch mehr Spaß.

2. Mit Schere oder Messer schneiden wir Fenster in die Kartons.

3. Dann bemalen wir sie. Es sieht lustig aus, wenn jeder Waggon eine andere Farbe erhält. Dabei nicht vergessen, die ›Lokomotive‹ schwarz anzustreichen. An sie wird vorn noch ein kleinerer Karton angeklebt. Oder wir nehmen statt dessen einen runden, leeren Waschmittelbehälter. Das sieht noch echter aus.

Jetzt kann die große Fahrt beginnen! *Alles einsteigen, Türen schließen, Vorsicht bei der Abfahrt!* Wenn alle bereit sind, pfeift der Schaffner, und der Zugführer setzt den Zug in Bewegung. Unterwegs werden die Fahrkarten kontrolliert und gestempelt. Natürlich hält unser Zug unterwegs an mehreren Bahnhöfen (in verschiedenen Zimmern). Für großes Aufsehen sorgen wir, wenn wir draußen auf dem Fußgängerweg oder auf dem Spielplatz tutend unsere Kreise ziehen. Dort haben wir auch mehr Bewegungsfreiheit. Damit die einzelnen Waggons zusammenbleiben, ›koppeln‹ wir sie aneinander: Dafür bringen wir an den Kartons vorn und hinten kleine Schlaufen aus Schnur an. So können wir die Wagen mit einem weiteren Stück Schnur miteinander verbinden. Vor zu schneller Fahrt wird aber gewarnt, da die ›Kupplung‹ dann reißt. Der Zugführer bestimmt das Tempo; die Fahrgäste müssen ihre Laufgeschwindigkeit auf die der Lok abstimmen und auch untereinander die Bewegungen koordinieren.

Mit dem Omnibus auf Tour

❀ Pfennige
❀ Paketklebeband

Der Omnibus macht nicht so große Mühe: Um ihn zu basteln, brauchen wir entweder einen riesigen Karton, in dem mehrere Kinder stehen können, oder wir kleben mit Paketklebeband mehrere Kartons aneinander. Fenster ausschneiden, den Karton anmalen, runde Pappscheiben als Räder drankleben, dann noch ein Papplenkrad – und fertig ist der Bus! Nicht vergessen: Beim Einsteigen muß für einen Pfennig eine Fahrkarte beim Busfahrer gekauft werden.

Egal, ob wir mit dem Auto, dem Bus oder der Bahn unterwegs sind: den selbstgebastelten Ausweis aus Pappe mit einem Foto oder einem gemalten Porträt und Fuß- sowie Handabdruck sollten wir immer dabeihaben. Denn falls wir mal die Grenze zu einem anderen Land überqueren und kontrolliert werden, benötigen wir ihn dringend.
Ansonsten ist der Phantasie bei diesen Spielen keine Grenzen gesetzt! Wenn die Kinder keine Lust haben zu ›verreisen‹ und es sich lieber zu Hause gemütlich machen möchten, dann basteln wir doch eine (fast) komplette Miniatur-Wohnungseinrichtung aus Kartons. In diese Wohnung ziehen wir dann mitsamt unseren Puppen und Kuscheltieren ein. Oder wir bauen – ebenfalls aus Kartons – ein kleines Haus für unsere Puppen.

Miniatur-Wohnungseinrichtung

❀ Puppengeschirr
❀ dünne Holzstange
❀ große leere Streichholzschachtel
❀ Musterbeutelklammern (Klammern zum Verschließen von Versandtaschen)
❀ altes Kalenderblatt oder anderes großes Bild

Zunächst überlegen wir, wie die Kartons beschaffen sein müssen und welche Funktionen sie haben sollen. Dazu einige Tips: Für den *Schrank*, den *Tisch* und die *Sitzgelegenheiten* benötigen wir sehr große, stabile Kartons; gut eignen sich Umzugskartons, deren Boden wir mit Klebeband verschließen und so zusätzlich stabilisieren. Die *Regale* bauen wir aus Schuhkartons. Für *Radio*, *Fernseher*, *Waschmaschine*, *Herd* und *Puppenbett* nehmen wir Kartons in den passenden Größen.

Wenn wir entschieden haben, mit welchen Möbeln wir uns einrichten möchten, beginnt die Gestaltung:

Als erstes bemalen wir die Kartons, und zwar die *Sitzgelegenheiten* in ein und derselben Farbe, *Waschmaschine* und *Herd* in Weiß, *Fernseher* und *Radio* in Schwarz und Grau, alles andere beliebig.

Kissen für die Sitzgelegenheiten nähen wir aus Stoffresten und stopfen sie mit alten Kleidungsstücken aus.
Als **Tischdecke** reicht ein größerer Stoffrest.
Beim **Schrank** schneiden wir in beide Seiten des Kartons am oberen Rand jeweils ein Loch und schieben als Kleiderstange die Holzstange hindurch. Von außen befestigen wir sie mit Klebeband.
Bei der **Waschmaschine** malen wir ein rundes Fenster auf und schneiden

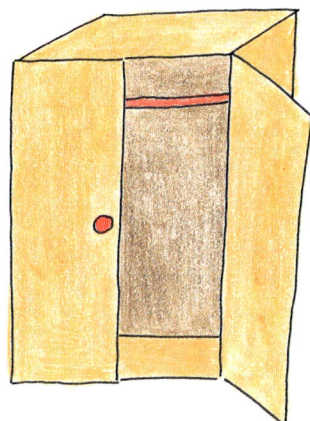

Pappdeckel als Herdplatten. Gut eignen sich dafür die Deckel von Waschmitteltrommeln, die schwarz angemalt werden. Mit den Klammern befestigen wir kleine runde Pappscheiben an dem Karton: Das sind unsere Schaltknöpfe.

Für den **Fernseher** schneiden wir in den Karton nur eine Öffnung in der Größe der Bildfläche hinein. Die Schaltknöpfe gestalten wir wie beim Herd. Wenn wir dann noch ein altes Kalenderblatt oder ein anderes Bild als Mattscheibe innen vors Fenster kleben, ist die Illusion perfekt. Oder wir bestimmen, was wir sehen möchten, indem wir das Motiv aufmalen.

Für das **Regal** kleben wir die Schuhkartons zusammen. Darin können wir das Puppengeschirr, unsere kleinen Bilderbücher und andere nette Kleinigkeiten aufbewahren. Und für unsere Muschel- oder Steinesammlung haben wir so auch einen ganz prima Platz.

Puppenhaus

Hierfür brauchen wir einen besonders großen Karton, den wir mit der Öffnung nach oben hinstellen, nach-

dem wir die Verschlußlaschen entfernt haben.

1. Den Karton bemalen wir außen in einer schönen Farbe.

2. In der Mitte des Kartons befestigen wir eine viereckige Pappe senkrecht so mit Klebeband, daß sie nicht verrutscht. Jetzt haben wir schon zwei Zimmer. Wenn wir noch mehr möchten, dann müssen wir jedes noch einmal mit einer Pappe unterteilen.

3. In die Außenwände des Kartons werden Fenster geschnitten. Aus Stoffresten nähen wir Gardinen, Teppiche und winzige Tischdecken. Als Gardinenstangen eignen sich Strohhalme.

4. Aus Schachteln in unterschiedlichen Größen bauen wir Möbel, indem wir sie zusammenkleben, mit Papier bekleben und bemalen.

5. Bevor wir das Puppenhaus einrichten, tapezieren wir die Wände mit hübschem, bedrucktem Geschenkpapier. Jetzt können die ersten kleinen Bewohner einziehen.

die Pappe so weit ein, daß die Tür auf- und zugemacht werden kann. In den oberen Teil des Kartons schneiden wir eine schmale rechteckige Öffnung. Dort stecken wir eine große leere Streichholzschachtel hinein – als Schublade für das Waschmittel. Für den **Herd** brauchen wir runde

Spiele mit Masken und Schminke

Masken und Schminke bringen Farbe ins Spiel.
Warum spielen wir eigentlich *Blindekuh* nicht mal mit einer Kuhmaske?

Blindekuh

❀ dünne, weiße Pappe
❀ Schere
❀ Filzstifte oder Buntstifte
❀ Farbe
❀ Bänder

Wir malen einen Kuhkopf (von vorn) in Gesichtsgröße auf ein Stück Pappe. Dann befestigen wir links und rechts zwei Bänder, damit wir die Maske aufsetzen können. Sie darf keine Öffnungen für die Augen haben, damit die ›Kuh‹ wirklich ›blind‹ ist.

Wenn die anderen Mitspieler ebenfalls maskiert sein möchten, fertigen wir weitere Tiergesichter aus Pappe an und schneiden Löcher für die Augen hinein. Nun wird das Spiel bunt und lustig: Die ›Kuh‹ jagt ›Katzen‹, ›Hunde‹ und andere bunte Wesen.

›Mäuschen, piep mal!‹ – Ob das wohl Jeanette ist?

Da alle außer der ›Kuh‹ sehen können, dauert es eine Weile, bis das erste Kind gefangen wird. Nun darf das ›Opfer‹ die Kuhmaske aufsetzen.
Wir sehen, wie leicht es ist, altbekannte und vielleicht schon etwas langweilig gewordene Spiele durch Masken wieder interessant und lustig zu machen.

Mäuschen, piep mal

❀ dünne, weiße Pappe
❀ Bänder
❀ Schere
❀ Filzstifte oder Buntstifte

Zunächst basteln wir viele Mäusemasken und eine Katzenmaske (letztere hat keine Löcher für die Augen). Die Kinder sitzen im Kreis (möglichst auf Stühlen) und haben ihre Mäusemasken auf. Die ›Katze‹, die in der Mitte umherschleicht, tippt ein Kind an und sagt: *Mäuschen, piep mal!* Das tut die ›Maus‹ dann auch sehr laut. Erkennt die Katze nicht, wer hinter der Maske steckt, darf sie das Kind abtasten. Ist sie weiterhin ratlos, so kommt die nächste Maus an die Reihe. Wird ein Kind erkannt, darf es Katze spielen.

Und hier gleich noch ein Vorschlag, wie wir die Katzen- und Mäusemasken einsetzen können:

Katz und Maus

Dieses altbekannte Fangspiel wandeln wir etwas ab: Bis auf eine stehen alle ›Mäuse‹ im Kreis und halten sich an den Händen. Sie umschließen so die ›Katze‹ und die einsame Maus. Die Katze fragt die Kinder: *Ist die Maus zu Haus?*
Alle rufen: *Nein!*
Katze: *Na, wann kommt sie denn?*
Die Mäuse überlegen sich irgendeine Zahl, zum Beispiel eine Fünf. Dann schlenkern sie mit den Armen und zählen laut bis fünf. Bei *Fünf* fängt die Katze an, die Maus zu jagen. Dabei darf der Kreis verlassen werden. Die Kinder erschweren ihr die Jagd, indem sie sich an den Händen festhalten und der ›Katze‹ so den Weg versperren. Hat die Katze die Maus gefangen, tauschen wir die Rollen.

Nicht nur altbekannte Spiele werden durch Masken oder durch bunt geschminkte Gesichter interessanter: Viel Spaß macht auch ein Theaterspiel, bei dem wir alle mitmachen können.

Ein Mitmachtheater organisieren

❀ Sachen zum Verkleiden
❀ Schminke
❀ selbstgebastelte Masken und gekaufte Pappmasken (mit verschiedenen Gesichtern)

1. Wir denken uns zu den Masken eine passende, möglichst spannende Geschichte aus.

2. Alle Kinder und Erwachsene, die Lust haben mitzuspielen, entscheiden sich für eine Rolle und setzen sich die entsprechende Maske auf. Entsteht dabei Streit, vermittelt ein Erwachsener.

3. Die Teilnehmer üben kurz ihre Rolle, indem sie entsprechend dem Gesicht auf der Maske hin und her gehen (der König schreitet majestätisch, die Hexe humpelt und so weiter). Die Sprechproben erheitern das Publikum (denn der König übt die tiefe Stimmlage, die Hexe das Krächzen...). Zum Schluß verteilen wir eventuell noch Rollen ans Publikum (Vögel, Mäuse, Tiger, Katzen – und auch die müssen ihre Laute üben). Außerdem probieren wir aus, wie wir ein Gewitter (Donner, Blitz und Regen) wiedergeben können. Kleiner Tip: Es klingt recht echt, wenn wir mit den Füßen trampeln, Zischgeräusche mit dem Mund machen und getrocknete Linsen in ein Gefäß ›regnen‹ lassen. Auf die gleiche Weise lassen sich auch andere Geräusche imitieren (schlürfende Schritte, prasselndes Feuer...).

4. Wir stellen alle Requisiten, die wir benötigen, auf die Spielfläche.

Falls uns selbst zunächst keine Geschichte einfällt, hier ein Vorschlag:

Geschichte für ein Mitmachtheater

❀ Tisch
❀ Stühle
❀ Tablett mit Geschirr
❀ Masken: König, Königin, Prinzessin, Butler, Schwiegersohn, Tiere des Waldes
❀ Sachen zum Verkleiden
❀ eventuell einige Requisiten (Schatztruhe, Kuchen ...)

Es waren einmal ein König und eine Königin. Die beiden lebten mit ihrer Tochter in einem schönen Schloß am Mondsee. Eines Morgens saßen sie alle beim Frühstück. Der König las die Zeitung und sagte zur Königin: ...
(In diesem Moment machen wir einfach eine Pause und lassen die Kinder/Erwachsenen den Text ihrer Rollen sprechen und die Handlung darstellen:)
(Die Königin antwortete: ... Die Prinzessin bestellte beim Butler ein zweites Ei und rief:)
Herbei, herbei – ich will ein zweites Ei ...
(Wir können also auch den Text festlegen; dann muß er von dem mitspielenden Kind nur wiederholt werden.

Je nach den Fähigkeiten oder der Lust der teilnehmenden Kinder überlegen wir uns vorher die Dialoge, oder wir lassen die Kleinen frei improvisieren) (Die Prinzessin bekommt ihr Ei, seufzt und sagt zu ihrem Vater:)
Lieber Vater, wir bekommen heute Besuch. Ich habe mich verliebt, und mein Freund kommt zu Besuch.
(Der Vater fragt neugierig: ...)
(Die Mutter sagt: ...)
(Plötzlich klopft es an der Tür ...)
Im weiteren Verlauf der Geschichte wird es dann noch turbulent:
Der König mag den zukünftigen Schwiegersohn nicht. Er stellt ihm die Aufgabe, im Wald einen Schatz zu suchen! Erst wenn er ihn findet, bekommt er die Prinzessin zur Frau. Die Tiere im Wald helfen dem armen Jüngling bei der Suche. Er wird vom Gewitter überrascht, gibt aber trotzdem nicht auf. Schließlich findet er viel Gold in einer Höhle. Er bringt es dem König. Jetzt muß der König sein

Versprechen einlösen. Er gibt dem Jüngling seine Tochter zur Frau. Die Königin backt einen großen Kuchen, und anschließend wird ein fröhliches Fest gefeiert. Denn inzwischen hat auch der König gemerkt, daß der Freund seiner Tochter doch sehr nett ist ...
Die Geschichte kann in der zu Anfang beschriebenen Dialogform erzählt werden. Die Darsteller sprechen ihren Text aus dem Stegreif, wenn der Erzähler sie erwähnt. Sie agieren unter Zuhilfenahme der Masken, einer Verkleidung und einfacher Requisiten.
Wichtig ist, daß wir eine Geschichte vorbereiten. Das kann auch ein Märchen sein, das wir in vereinfachter Form erzählen.

Hier noch einmal eine Zusammenfassung dessen, was wir bedenken müssen:

1. Masken basteln oder kaufen.

2. Eine Geschichte überlegen.

3. Mitspieler in Zuschauer und Akteure aufteilen.

4. Rollen verteilen, Requisiten auf die Spielfläche stellen.

5. Die Geschichte verständlich erzählen. Dabei viele Sätze mit Adjektiven einbauen, wie beispielsweise *Die Prinzessin wurde wütend und sagte: …* oder *Die Königin meinte lachend: …* Die Vorgaben dürfen allerdings nicht zu detailliert sein: Sie sollten den Mitspielern Anregungen für die Gestaltung des eigenen Textes geben, ihnen zugleich aber auch genügend Freiraum für individuelles Variieren

lassen. Während wir die Geschichte erzählen, müssen wir ein Gespür dafür entwickeln, welche der Spieler gut improvisieren können und welche nicht.

6. Besondere Effekte einzubauen, ist gut für die Spannung und den Unterhaltungswert. Man kann zum Beispiel Instrumente an die Zuschauer verteilen und sie bitten, das Gewitter zu verstärken oder eine Musik für die Morgengymnastik der Königin einzuspielen.

Man muß einfach mal einen ersten Versuch wagen. Wenn wir etwas mehr Erfahrungen gesammelt haben, dann bekommen wir immer mehr Einfälle für die spannende Gestaltung eines Mitmachtheaters.

Wir gehn nach draußen

Wenn wir Sätze wie *Nun bleibt endlich mal ruhig sitzen!* oder *Wackelt nicht mit dem Stuhl!* oder *Lauft nicht ständig rum, sondern setzt euch mal hin!* schon einige Male wiederholt haben, wenn wir den Eindruck haben, daß die lustigsten Spiele für drinnen gar nicht mehr lustig sind, weil die Kinder sich benehmen, als hätten sie Flöhe im Hinterteil – dann ist es an der Zeit, daß wir draußen weiterspielen. Denn dort haben wir weitaus mehr Bewegungsfreiheit und können uns so richtig austoben: Benny verausgabt sich beim Ballspiel, Anja rennt Moritz hinterher, um ihn zu fangen, und Tante Amalie ist schon ganz aus der Puste, weil sie vergeblich versucht, genauso schnell zu sein wie die Kinder.

Eins ist klar: Wenn sich alle draußen ausgetobt haben, klappt es wieder besser mit der Konzentration bei den Spielen im Haus. Deshalb ein Tip: Falls die Möglichkeit dazu besteht, sollte man zwischendurch immer mal nach draußen gehen und dort eine Weile spielen. Schön sind natürlich auch ganze Spielnachmittage im Freien. Und wenn es regnet: einfach Badekappen aufsetzen, blaue Müllbeutel (mit Öffnungen für Kopf und Arme!) überziehen und anfangen, die Tropfen aufzufangen. . . .

Viel Spaß bei den Lauf- und Fangspielen dieses Kapitels!

Lauf-
und Fangspiele

Die nun folgenden Lauf- und Fang-
spiele finden oft in einem Spielfeld
statt. Auf Asphalt oder Beton kann
man die Begrenzungen mit Kreide
oder einem hellen Sandstein aufmalen. Besteht der Untergrund aus
Sand, Erde oder Lehm, dann ziehen
wir die Umrisse mit einem Zweig
oder einem spitzen Stein auf dem
Boden. Auf dem Rasen können wir
das Spielfeld mit einer dicken Schnur
markieren.

Flohhüpfen

✿ Tuch

Bei diesem Spiel gibt es einen blin-
den und einen (oder mehrere)
sehende ›Flöhe‹. Dem Kind, das blin-
der Floh sein möchte, werden die
Augen verbunden. Es hat beliebig
viele Sprünge frei, während der
sehende Floh nur zehn Sprünge frei
hat. Ob er wohl gefangen wird? Sind
es mehr Teilnehmer, geht das Spiel so
lange weiter, bis alle sehenden Flöhe
dingfest gemacht worden sind. Falls
das zu lange dauert, bekommt
der Fänger Unterstützung
durch weitere Kinder.

Gefängnislauf

Wir malen mit Kreide ein großes,
rechteckiges Spielfeld auf. In die
Mitte zeichnen wir ein kleines Quadrat: das ›Gefängnis‹. Dort sitzen
zwei Ganoven, die von ihrer ›Bande‹
befreit werden sollen. Ringsherum
patrouilliert ein ›Polizist‹. Die Banden-
mitglieder versuchen nun, die Gefan-
genen durch Antippen zu befreien.
Erwischt der Ordnungshüter sie
dabei, dann werden sie ebenfalls ein-
gelocht.

Blind abschlagen

✿ Maske oder Tuch

Der Spielleiter fängt an: Er setzt sich
die Maske auf oder bindet das Tuch
um. Dann versucht er, die anderen
um sich herum abzuschlagen. Wer
getroffen wird, bleibt bewegungslos
stehen. Wer übrig bleibt, bekommt
die Maske oder das Tuch und ist in der
nächsten Runde der ›Blinde‹.

Fuchs und Gänse

Die ›Gänse‹ versuchen, den ›Fuchs‹ in
seinem Versteck aufzuspüren. Haben
die Kinder ihn entdeckt, rufen sie
sofort *Der Fuchs, der Fuchs!* und laufen
vor ihm weg. Fängt der Fuchs eine
Gans, schleppt er sie in ein neues
Versteck, und die Kinder müssen nun
die beiden suchen. Oder man startet
eine neue Runde, in der die gefan-
gene Gans den Fuchs spielt.

Seil fangen

❀ Seil

Ein Kind bekommt ein Springseil. Das eine Ende hält es fest, das andere liegt auf dem Boden. Das Kind läuft mit einem kleinen Vorsprung vor den anderen los und zieht das Seil hinter sich her. Alle anderen müssen nun versuchen, das Seilende zu fangen. Wem das gelingt, der darf als nächstes mit dem Seil losrennen.

Hase im Gras

Der ›Hasenfänger‹ steht in einem Kreis mit 10 bis 15 m Durchmesser. Die ›Hasen‹ stehen ringsherum und werden von eins bis vier abgezählt. Der Spielleiter ruft nun eine Zahl zwischen eins und vier. Alle Hasen mit dieser Zahl betreten daraufhin den Kreis. Der Fänger versucht nun, ein Kind zu fangen, und tauscht – wenn ihm das gelingt – mit ihm die Rolle.

Popcorn

Bei diesem Spiel sollte die Anzahl der Teilnehmer gerade sein. Ihnen steht nur ein recht kleines Spielfeld zur Verfügung. Jeder verschränkt die Hände vor dem Körper und hüpft so als ›Popcorn‹ herum. Dabei weicht er den anderen aus. Sollten sich zwei Popcorns berühren, dann bleiben sie aneinander ›kleben‹ und hüpfen zusammen weiter. Das Spiel ist zu Ende, wenn nur noch Pärchen ›herumpoppen‹.

Rot-Grün

❀ etwas Farbe (beispielsweise Rot und Grün)

An diesem Spiel sollten mindestens vier Kinder teilnehmen. Im Abstand von mehreren Metern ziehen wir zwei parallele Linien. Wir teilen die Kinder in zwei Gruppen ein. Diese stellen sich in der Mitte zwischen den Linien einander gegenüber. Zur Unterscheidung bekommen die Mannschaften unterschiedliche Farbtupfer auf die Nasen, beispielsweise rote und grüne. Ruft der Spielleiter ›Grün‹, so läuft die grüne Mannschaft zu ihrer Ausgangslinie zurück. Die rote versucht, so viele Kinder wie möglich zu fangen. Diese müssen dann zur anderen Seite überwechseln.

Känguruhs besuchen den Zoo

Wir stellen uns vor, daß einige Känguruhs die anderen Tiere im Zoo besu-
chen, und spielen diese Szene nach.
Die Kinder imitieren dabei die jeweilige Gangart und Eigenart sowie die
Laute. Zwischen diesen ›Tieren‹ hüpfen die ›Känguruhs‹ umher.
Dieses lebhafte Spiel ist ganz hervor-
ragend zur Lockerung der Muskula-
tur geeignet.
Und so könnte das beispielsweise
aussehen:
Känguruh: auf der Stelle oder hin und
her hüpfen;
Elefant: mit einer Hand an die Nase fassen, den anderen Arm leicht nach
oben zeigend nach vorn strecken;
Giraffe: Arme hochstrecken und auf
Zehenspitzen gehen;
Pinguin: gestreckte Arme etwas hinter
den Rücken halten und Hände ab-
spreizen, dazu Watschelgang;
Storch: Füße beim Gehen sehr hoch
heben; gestelzt gehen;
Pferd: im Galopp herumlaufen.

Nur noch einen Ball ins gegnerische Feld – dann hat die linke Mannschaft gewonnen

Haltet das Feld frei!

❀ pro Kind ein Luftballon (bei größeren Kindern ein Schaumstoff-
ball)

Wir teilen den vorhandenen Platz in
zwei Felder und bilden zwei Mannschaften. Nun wird versucht, die
Ballons aus dem eigenen Feld
in das gegnerische hinein
zu befördern. Das Spiel
ist beendet, wenn sich
entweder in einem der
Felder kein Ballon mehr
befindet, wenn die vor-
her festgesetzte Zeit
abgelaufen ist oder
wenn die Kinder
müde werden.

Hinki-pinki

Die Kinder stehen im Kreis und singen oder sprechen gemeinsam den
folgenden Text:

Wir nehmen den rechten Arm hinein.
(Alle halten den Arm zur Kreismitte)
Wir nehmen den rechten Arm heraus.
(Arm wieder am Körper herunterhän-
gen lassen)
*Wir nehmen den rechten Arm hinein
und dann schütteln wir ihn aus.*
(Arm zur Kreismitte und ausschüt-
teln)
*Und dann kommt der Hinki-pinki,
und dann drehn wir uns im Kreis,*
(Mit beiden Händen auf den Boden
tippen, sich wieder aufrichten und
um die eigene Achse drehen)
*und dann machen alle so:
hinki-pinki, hinki-pinki, hinki-pinki,
und dann geht's von vorne los.*

(Hände in die Hüften stützen und seitwärts einknicken sowie mit dem Po wackeln)

Wir nehmen den linken Arm hinein...

Wir nehmen den rechten Fuß hinein...

Wir nehmen den linken Fuß hinein...

Wir nehmen uns selber herein...

Komm mit – lauf weg

Die Teilnehmer stehen im Kreis. Ein Kind geht außen um den Kreis herum. Bei einem beliebigen Mitspieler bleibt es stehen und tippt ihn an. Sagt es dabei *Komm mit!* dann muß das berührte Kind in Laufrichtung hinter dem ersten herlaufen. Sagt es *Lauf weg!* dann muß sich das Kind entgegen der Laufrichtung des ersten Kindes um den Kreis herum bewegen. Ziel des Spiels ist es, den freigewordenen Platz nach einer Umrundung des Kreises als erster zu erreichen. Wer zu spät kommt, muß nun seinerseits ein Kind antippen.

Vater Abraham

Mit jeder Strophe kommt eine weitere Bewegung hinzu, so daß zum Schluß der ganze Körper in Bewegung ist.

Vater Abraham, Vater Abraham,
sieben Söhne hatte Vater Abraham,
und sie aßen nichts,
und sie tranken nichts,
und sie machten viel Verdruß.
Rechter Fuß!
(Rechten Fuß nach vorn schnellen lassen)

Vater Abraham ... viel Verdruß.
Linker Fuß!
(Linken Fuß nach vorn schnellen lassen und danach abwechselnd links und rechts – und bald kommt schon die nächste Bewegung hinzu ...)

Vater Abraham ... viel Verdruß.
Rechte Hand!
(Rechte Hand in die Luft strecken und schütteln)

Vater Abraham ... viel Verdruß.
Linke Hand!
(Linke Hand in die Luft strecken und schütteln)

Vater Abraham ... viel Verdruß.
Kopf dazu!
(Kopf schütteln)

Vater Abraham ...
viel Verdruß.
Jetzt ist Schluß!
(In sich zusammensacken oder – falls der Boden weich ist – sich fallen lassen)

Tanzlustlied

Die Kinder stehen sich gegenüber und singen nach der Melodie (oder vielleicht haben wir auch die Platte zu Hause!) des Ohrwurms *Lambada* folgendes Lied:

Refrain:
Ja, wir tanzen gern,
tanzen gern, weil uns das Freude macht.
Ja, wir tanzen gern,
so lange, bis endlich jeder lacht.

Ja, wir haben viel Spaß,
und wir drehen uns viel,
und wir freuen uns,
daß wir zusammen sind,
und wir fassen uns an,
und wir klatschen in die Hand:
Wir sind heute außer
Rand und Band!

Refrain:
Ja, wir tanzen so gern . . .

Ja, wir albern so gern,
und wir machen viel Quatsch,
und wir tanzen gerne
mal im Matsch,
und wir toben sehr gern,
und wir spritzen uns naß,
denn das alles bringt uns
ganz viel Spaß.

Refrain:
Ja, wir tanzen so gern . . .

Wie bekomme ich einen Knoten in meine Arme?

Rechte Hand ganz gerade vor,
mit der linken Hand ans Ohr,
dann die Nase in den Mund –
das ist gesund!

Linkes Knie bis an den Bauch,
Fuß am Popo tut es auch,
und den Buckel ganz doll rund –
das ist gesund!

Kopf nach unten, Kopf nach oben
und fünf Zentner aufgehoben,
und dann bellen wie ein Hund
(wowwaugrunz) –
das ist gesund!

Kennt ihr die Kinder aus Oberhausen?

In dem Lied werden sehr sportliche Übungen besungen. Vielleicht könnten wir es deshalb auch ganz bewußt *Herumturnlied* nennen. Und die sonst so oft zu hörende Ermahnung bewegungsfreudiger Kinder, *Turn hier nicht so herum!* ist hier natürlich völlig fehl am Platz ...

Kommt, wir machen es den Großen vor,
alle singen lauthals mit im Chor,
heute werden wir laufen
und beim Wieseln schnaufen.

Und es geht los!

Kennt ihr die Kinder aus Oberhausen?
Die können wir verrückt auf der Stelle sausen!

Refrain:
Eins-zwei-drei, eins-zwei-drei,
da ist doch gar nix dabei!
Eins-zwei-drei, eins-zwei-drei,
da ist doch gar nix dabei!

Kennt ihr die Kinder aus Wien?
Das ist kein Witz – die können sogar schon drei Liegestütz!

Refrain:
Kennt ihr die Kinder aus Wuppertal?
Die springen hoch in die Luft dreimal.

Habt ihr die Kinder aus Kiel gesehen?
Die können sich ganz schnell im Kreise drehen.

Kennt ihr die Kinder aus Iserlohn?
Die können ja drei Kniebeugen schon.

Kennt ihr die Kinder aus Wilhelmshaven?
Die können sogar im Stehen schlafen.

Kinder aus Bonn, das kann ich bezeugen,
die können kräftig ihre Arme beugen.

Kennt ihr die Kinder aus Stade?
Die stolzieren immer kerzengerade.

Jedes Kind im Lande wackelt sowieso
unheimlich gerne mit dem Popo.

(Wir entscheiden selbst, ob der Refrain nach jeder Strophe kommen sollte. Jedenfalls wäre als letzte Strophe gut:)

Ich kenne Kinder, das ist kein Witz,
die können 100 000 Liegestütz!

Refrain:
Eins-zwei-drei ...

Federn rupfen

❀ Wäscheklammern

Zwei bis vier Kinder sind Fänger und bekommen jeweils mehrere Wäscheklammern, die sie an ihre Kleidung klemmen. Wenn sie eins der weglaufenden Kinder erreichen, dürfen sie ihm eine Klammer anklemmen. Der Fänger, der als erster alle loswerden konnte, ist Sieger.

Brücken kriegen

Ein oder mehrere Kinder versuchen als Fänger, die umherlaufenden Mitspieler abzuschlagen. Diese erstarren dann auf der Stelle. Jeweils zwei erwischte Kinder dürfen sich zusammentun und dann gemeinsam eine ›Brücke‹ bilden, beispielsweise indem sie sich an den Händen fassen. Sie können dadurch wieder ›befreit‹ werden, daß noch frei herumlaufende Kinder unter der Brücke hindurchkriechen.

Tintenfisch

Der ›Tintenfisch‹ steht auf der einen Seite, die restlichen Kinder auf der anderen. Jeder Spieler, den der Tintenfisch fängt, verwandelt sich automatisch in einen Kraken, kniet sich hin und breitet die Arme aus.

Ob es wohl gelingt, mit der brennenden Kerze bis ins Ziel zu kommen?

Kerzenlauf

❀ Kerzen

Die Kinder stehen einander gegenüber und bilden einen gut 1 m breiten Gang. Zwei Kinder sollen nun ihre Kerze, die sie vor sich halten, sicher durch den Gang bis zu einem markierten Zielpunkt tragen. Die anderen versuchen dabei, die Kerzen auszupusten. Wer von den beiden es zuerst schafft, mit brennender Kerze hindurchzukommen, der ist Sieger. Während des Spiels singen wir nach der Melodie von *Häschen in der Grube*:

Seht, wie sie laufen,
ohne zu verschnaufen,
ohne zu verschnaufen.
Geht uns mal die Kerze aus,
machen wir uns da nichts draus.

Blumenerwachlied

Dies ist ein ruhiges Bewegungsspiel. Wir stehen oder sitzen im Kreis und stellen mit Bewegungen dar, wie die Blumen wachsen und blühen und sich im Wind bewegen.

Wollt ihr wissen, wollt ihr wissen,
(Auf die Mitspieler im Kreis zeigen)
wie die Blumen erblühn?
(Beide Hände formen einen Kelch)
Strahlt die Sonne, strahlt die Sonne,
dann könnt ihr es sehn.
(Hände weit über den Kopf recken, dabei die Finger spreizen)
Strahlt sie nicht wunder-, wunderschön?
(Mit beiden Händen einen großen Kreis in die Luft malen)
Bald werden wir die Blumen aufgehen sehn.

Fällt der Regen, fällt der Regen vom Himmel herab.
(Die Arme sind schräg nach oben gestreckt, und die Finger zeigen nach unten. Der Rhythmus des Liedes bestimmt die Geschwindigkeit des fallenden ›Regens‹)
Fehlt der Regen, gibt's keinen Segen, und die Blumen machen schlapp.
(Mit den Händen einen Kelch formen und ihn zur Seite kippen lassen)
Ist es nicht herrlich anzusehn, wie unsere Blumen immer weiter aufgehn?
(Staunend *Aaah!* und *Oooh!* rufen)

Weht ein Windlein, weht ein Windlein ganz leicht und sacht.
(Der ganze Körper wiegt sich im Liedrhythmus mit)
Denn Wind muß sein, denn Wind muß sein, damit jede Blume erwacht.
(Unser ›Blumenkelch‹ wird größer und größer)
Ist es nicht herrlich anzusehn, wie sie ganz leicht im Winde wehn.
(Staunend *Aaah* und *Oooh* rufen. Die ›Kelche‹ dabei langsam hin und her bewegen)

Eisenbahnstaffel

Wir bilden Gruppen. Sie stehen an der vorher bestimmten Startlinie. Der erste Läufer saust los zu einem etliche Meter entfernt liegenden Ziel (Stein, Baum ...), umrundet es, kommt zurück und schlägt den zweiten Läufer ab. Dieser hängt sich an ihn, beide Hände auf den Schultern des Vordermannes. Erst laufen sie zu zweit, dann zu dritt – schließlich die ganze ›Eisenbahn‹. Welche zuerst mit allen ›Waggons‹ die Ziellinie überquert, hat gewonnen. Falls die ›Kupplung‹ einmal reißt, muß die ›Lok‹ sich erneut auf den Weg machen, um die ›Wagen‹ einzusammeln.

Zu guter Letzt. Oder: Puuuh, sind wir geschafft!

Manchmal wundern wir uns sicher, welche Energie die Kinder noch haben, wenn die Erwachsenen schon längst ›ausgepowert‹ sind. Aber auch den lieben Kleinen geht mal die Puste aus – und dann haben wir eine Weile Ruhe! Wenn sie sich ›durch unser Buch gespielt haben‹, sitzen sie irgendwann zufrieden mit sich und der Welt, aber völlig ›geschafft‹ in einer Ecke des etwas chaotisch aussehenden Kinderzimmers.

Tim hat bei den Laufspielen so geschwitzt, daß er immer noch ganz klebrige Hände hat. Er will sie sich aber nicht waschen, weil sonst die lustigen, bunten Gesichter, die er sich auf die Fingerkuppen gemalt hat, verblassen würden.
Lena ist inzwischen ganz heiser, weil sie mit dem Kartonauto mindestens schon zehnmal um den Häuserblock gefahren ist und dabei die Nachbarn mit einem lauten ›Brumm – Brumm‹ darauf aufmerksam gemacht hat, daß es sich bei dem heißen Gefährt um ein rotes Auto und nicht um eine Tomate auf Beinen handelt.
Und Philip hängt von den Tastspielen noch Glibbermasse aus seiner Hosentasche heraus. Sein Gesicht ist ver-

schmiert von Wackelpudding. Das kommt davon, wenn man sich die Augen verbinden läßt!
Auch Hilde, die Wilde, ist endlich einmal müde geworden. Selig lächelnd liegt sie mit ihrer Tütenpuppe im Arm in der Kleiderkiste. Und schläft und träumt davon, daß dieser bunte, lustige Spielnachmittag ewig weitergeht . . . Doch genauso wie der einmal zu Ende gehen muß, sind wir nun auch im Buch auf der letzten Seite angelangt. Nur noch Fabian ist munter und trommelt auf dem umgedrehten Eimer den Schlußakkord. Daß er von oben bis unten mit Resten von unserer kunstvollen Matschorgie beschmiert ist, das ist ja wohl auch nur ein Traum – oder??